근심하는 자 같으나 항상 기뻐하고

가난한 자 같으나 많은 사람을 부요하게 하고

아무 것도 없는 자 같으나 모든 것을 가진 자로다

(고후 6:10)

24 Harmony는

세상을 아름답게 하기 위해
주변을 아우르며 살아가는
순전한 우리들의 마음가짐으로
출판하고 있습니다.

성경통독 스타트 업

엮은이 | 여인갑
초판발행 | 2015년 4월 1일
등록번호 | 제 2013-000101호
펴낸곳 | 출판사 이사하모니
주소 | 서울 서초구 서초중앙로 18, 515호
          (서초동, 서초쌍용플래티넘)

책값은 뒷표지에 있습니다.
ISBN 979-11-950851-1-8 03230

편집부에서 독자의 의견을 기다립니다.
24harmony@hanmail.net

강의 문의: ikone@ciscorp.co.kr

익투스 153 여인갑 장로의

성경통독 스타트 업
START UP

단기간에 기억되는
알기 쉬운
성경의   맥

Part 1. 성경 요약하기

Part 2. 바이블 맥 잡기 6시간

Ⅰ. 모세오경
Ⅱ. 다윗 왕조
Ⅲ. 선지서
Ⅳ. 포로귀환과 중간기
Ⅴ. 사복음서
Ⅵ. 서신서와 요한계시록

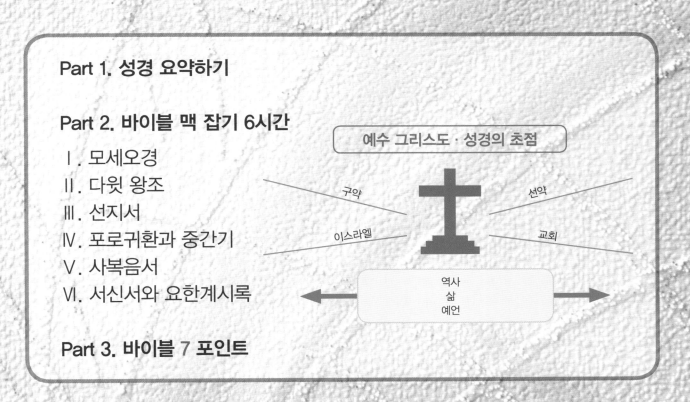

예수 그리스도 · 성경의 초점

구약   신약

이스라엘   교회

역사
삶
예언

Part 3. 바이블 7 포인트

24Harmony

Part 1

성경 요약하기

신실하신 여호와 하나님

여호와 : 출 3:14(스스로 계시는)
여호와 이레 : 창 22:14(아브라함, 준비하시는)
여호와 라파 : 출 15:26(마라, 치료하시는)
여호와 닛시 : 출 17:15(두 손, 승리의 깃발 되시는)
여호와 살롬 : 삿 6:24(기드온, 평강이신)
여호와 삼마 : 겔 48:35(성읍, 거기 계심)
여호와 로이 : 시 23:1(나의 목자)
여호와 카데쉬 : 레 20:8(거룩하게 하시는)
여호와 체바오트 : 삼상 1:3(만군의)
여호와 멜렉 : 사 33:22(왕이신)
여호와 치드케누 : 렘 23:6(의로우신)
여호와 마케 : 겔 7:9(멸망시키시는)

위대하신 엘 하나님

엘로힘 : 창 1:1(강하신, 창조주)
엘 엘리온 : 창 14:22(지극히 높으신)
엘 샤다이 : 창 17:1(전능하신)
엘 올람 : 창 21:33(영원하신)
엘 게물로트 : 렘 51:56(보복)
엘 칸나 : 출 34:14(질투하시는)

구원자이신 하나님

아도나이 : 시 16:2(주님)
임마누엘 : 마 1:23(함께 하시는)

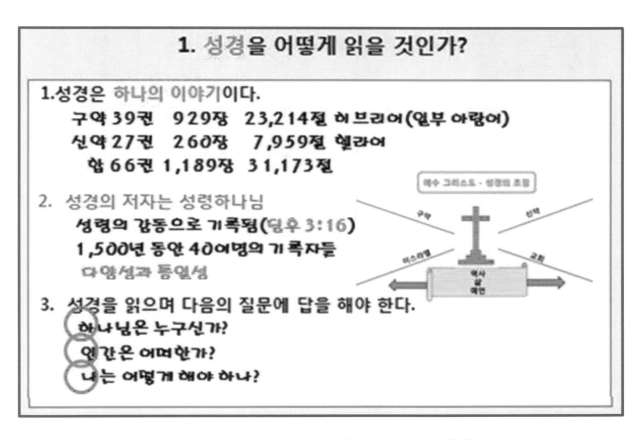

구약 39권과 신약 27권으로 된 성경은 모두 66권으로 1,189장이다.

구약은 히브리어로 기록되었으며(다니엘서 일부를 포함하여 일부 아람어로 된부분도 있음), 신약은 헬라어(그리스어)로 기록되었다.

성경 장절의 구분은 13세기에 장 구별, 16세기에 절 구별이 완성되었다.
신구약은 모두 40여명의 기록자가 1,500년에 걸쳐 기록되었으나 성령님의 감동으로 기록되었기 때문에 다양성 가운데에서도 통일성을 유지하고 있다.
성경을 읽으면서 우리는 다음과 같은 질문을 하여야 한다(하인나 접근 방식).
첫째, 하나님은 누구신가?
둘째, 인간은 어떠한가?
셋째, 나는 어떻게 하나님께 영광을 드릴까?

성경 속에서 성경을 통하여 계시하신 하나님의 성품을 알아내야 한다. 자신을 성경 속에 집어 넣고 하나님과 만나는 것이다. 그럼에도 불구하고 인간은 어떠한가를 또한 생각해 봐야 한다. 하나님을 찬양하고 있는가 아니면 하나님을 배반하고 있는가?
여기서 자신이 어떻게 해야 하는가에 대한 결단과 기도 제목을 얻을 수 있다.

2. 1분만에 성경 요약하기

하나님께서 자신의 영광을 위하여 천지를 만드셨는데

인간이 하나님의 명령에 순종하지 못하고 범죄하여 죄악 된 세상이 되었다.

하나님께서 우리를 사랑하시사 죄에서 구원하시려고 그 아들 예수님을 이 세상에 은혜로 보내주셨다.

예수님께서 우리 죄를 용서하시고 구원하시기 위해 십자가에 죽으시고 부활하심으로 우리에게 영생을 주셨다.

이를 믿는 자들은 세상 끝 날에 하나님의 심판에서 벗어나 새 하늘과 새 땅에서 하나님과 함께 영원히 영광을 누리게 될 것이다.

즉, 창조, 타락, 구원, 완성의 큰 틀에서 자신을 계시하시며 역사를 주관하시는 하나님의 사랑이야기(His story)가 성경이다.

이렇게 방대한 성경을 1분에 요약해 보라는 요청을 받는다면 독자마다 생각하는 관점에 따라 요약하는 내용이 천차만별일 것이다.
보편적으로 사용하는 성경의 요약은 구원사적 관점으로 말하는 방법이다. 즉, 창조, 타락, 구원, 완성의 네 가지 틀로 성경 전체를 넉 장으로 그려보는 것이다.

하나님께서 왜 천지를 창조 하셨을까에 대한 답만으로도 책이 한 권 나왔을 정도로 어려운 질문이지만 천지창조의 목적은 하나님의 영광을 위해서였다.

뱀의 유혹으로 첫 사람 아담이 넘어지고 만다. 죄가 이 세상에 들어 온 것이다. 하나님께서는 이 세상을 사랑하시지만 인간은 끊임없이 하나님을 떠나려 한다. 이를 불쌍히 여기신 하나님께서 은혜를 베푸시고 살려 주시지만 인간은 또 얼마가지 못하고 죄에 빠지고 하나님의 벌을 받는다. 그러다가 더 이상 참지 못하면 회개하고 하나님 앞으로 나온다. 타락과 심판과 회복의 연속이 구약 이야기라면 신약에서는 하나님께서 인류를 구원하시려고 그 아들 예수님을 세상에 보내주신다. 누구든지 예수님 믿으면 구원을 받고 영생을 누린다는 이야기로 성경을 1분안에 요약할 수 있다.

구약

모세오경 : 창세기, 출애굽기, 레위기, 민수기, 신명기
역사서   : 여호수아, 사사기, 룻기, 사무엘상하, 열왕기상하, 역대상하
              에스라, 느헤미야, 에스더
지혜서   : 욥기, 시편, 잠언, 전도서, 아가
선지서   : 이사야, 예레미야, 예레미야애가, 에스겔, 다니엘,
              호세아, 요엘, 아모스, 오바댜, 요나, 미가, 나훔, 하박국, 스바냐,
              학개, 스가랴, 말라기

신약

사복음서: 마태복음, 마가복음, 누가복음, 요한복음
역사서   : 사도행전
서신서   : 로마서, 고린도전후서, 갈라디아서, 에베소서, 빌립보서, 골로새서
              데살로니가전후서, 디모데전후서, 디도서, 빌레몬서
              히브리서, 야고보서, 베드로전후서, 요한일이삼서, 유다서,
계시록   : 요한계시록

3. 10분만에 성경 요약하기

1. 창조 : 6일 창조
2. **타락** : 뱀의 유혹으로 아담과 하와의 불순종 , 노아의 홍수, 바벨탑
3. 아브라함의 선택 : 이스라엘 민족을 형성
4. **출애굽과 시내산 : 모세, 십계명과 성막, 광야 40년 훈련**
5. 사사 시대 : 우상숭배, 압제, 간구, 구원, 망각의 악순환, 사무엘 선지자
6. **왕정 시대 : 사울, 다윗, 솔로몬**
7. 분열 왕국과 포로귀환 : 남북조 멸망, 선지서 17권, 성전과 성벽 재건
8. **예수님 탄생, 사역, 십자가, 부활 : 사복음서**
9. 사도 시대 : 바울서신과 일반서신
10. **새 하늘과 새 땅 : 7교회, 7재앙(인, 나팔, 대접), 최후의 심판**

10분만에 성경을 요약 한다면 10가지 주제에 대해서 각 1분씩 이야기 하면 된다.

1. **창조**에서는 6일 창조를 이야기한다.
2. 타락에서는 뱀의 유혹으로 아담과 하와의 불순종. 노아의 홍수로 노아 가족 8명만 구원 받음. 바벨탑 사건으로 인류의 흩어짐이 타락의 주요 주제임.
3. 하나님 나라를 건설하기 위하여 아브라함을 **선택**하시고 **이스라엘 민족을 형성**하신다.
4. 모세를 지도자로 하여 애굽에서 종살이 하던 민족을 구원하시고 시내산에서 십계명과 성막을 주셨으나, 하나님을 신뢰하지 못하고 원망 불평하면서 40년을 광야에서 훈련 받는다..
5. 가나안 땅을 점령하고 **사사 시대**가 시작 되었지만 우상 숭배로 인한 징계를 면치 못한다.
6. 왕정 시대는 사울, 다위, 솔로몬 세 왕 이후 남북으로 분열 되고 만다.
7. 북왕국은 앗수르에, 남왕국은 바벨론에 망하고 포로로 잡혀갔으나 **70년만에 귀환**되어 성전과 성벽을 재건게 된다.
8. 400년의 중간기 후 예수님 탄생으로 신약시대가 열리고 사복음서가 기록됨.
9. 사도 시대에는 **바울서신과 일반서신**이 있다.
10. 세상 끝 날에 최후의 심판이 있지만 하나님의 백성들은 새로운 하늘과 새로운 땅에서 영생을 누리게 된다.

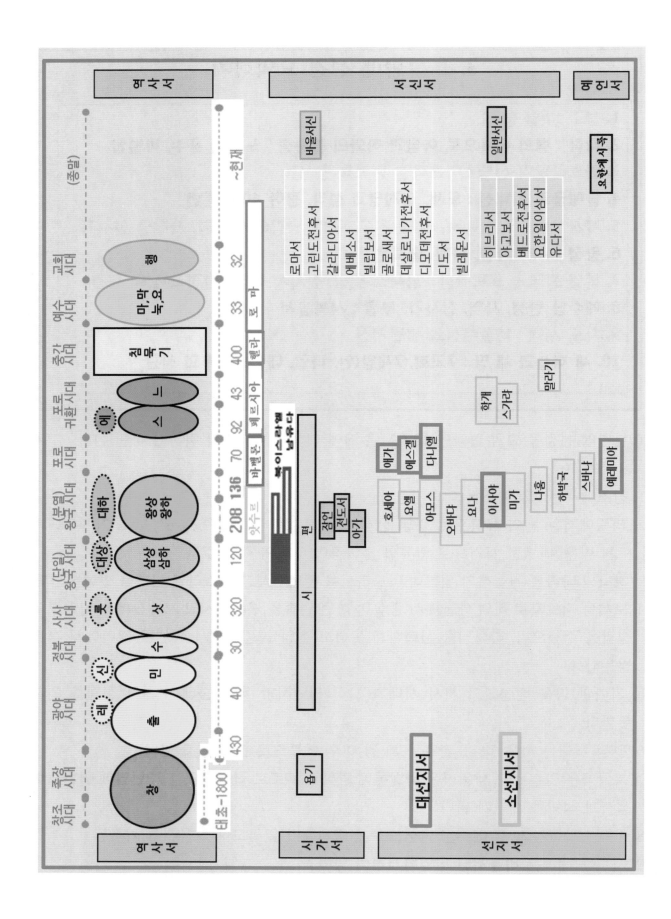

4. 시대별 성경 책

1. 창조 시대, 족장 시대 　　　창세기
　　　　　　　　　　　　　　　　욥기

2. 광야 시대, 정복 시대 　　　　출애굽기　민수기　여호수아
　　　　　　　　　　　　　　　　레위기　신명기

3. 사사 시대, 왕정 시대 　　사사기　사무엘상　사무엘하　열왕기상　열왕기하
　　　　　　　　　　　룻기　　　　　역대상　　　　역대하
　　　　　　　　　　　　　　　　　　시　편

4. 분열왕국 시대, 포로 시대 　　　　　　　　　　잠언　　대선지서
　　　　　　　　　　　　　　　　　　　　전도서
　　　　　　　　　　　　　　　　　　　아가
5. 포로귀환 시대, 중간기 　　　에스라　느헤미야　　　소선지서
　　　　　　　　　　　　　　　에스더

6. 예수님 시대, 사도 시대, 교회 시대
　　　　　　　　　　사복음서　　사도행전
　　　　　　　　　　　　　　　바울서신　일반서신
7. 새 하늘과 새 땅 　　　　　　　　　　　요한계시록

성경의 각 시대에 해당되는 성경책을 연결 시켜 본다. 빨강 상자 안의 책들이 성경 역사의 큰 흐름이다.

1. 창세기에는 창조시대의 4사건(창조, 타락, 홍수, 바벨탑)과 4명의 족장시대(아브라함, 이삭, 야곱, 요셉) 이야기로 구성된다.

2. 출애굽하여 시내산까지의 이야기가 출애굽기에, 시내산에서 가나안까지 가는 여정이 민수기에, 가나안 점령과 땅 분배가 여호수아서에 기록되어 있다. 레위기는 거룩해지는 방법이, 신명기는 모세의 40년 광야 생활 회고 하는 설교 3편이 있다.

3. 룻기는 사사기 때 일어난 이야기이고, 역대상과 역대하는 다윗왕의 족보와 함께 남유다 왕들의 종교적인 치적을 중점적으로 다룬다.

4. 분열왕국 마지막 때와 포로귀환시대에 17권의 대소 선지서가 쓰여졌다.

5. 포로귀환 후 성전과 성벽이 재건된다. 에스더서는 스룹바벨과 에스라의 귀환 중간 이야기이며, 느헤미야서와 소선지서 3편이 쓰여졌다.

6. 신약시대는 예수님 시대(사복음서), 사도시대(서신서)이며, 교회 시대가 현재까지 이어지고 있다.

7. 요한계시록에는 예수님의 재림을 소망한다.

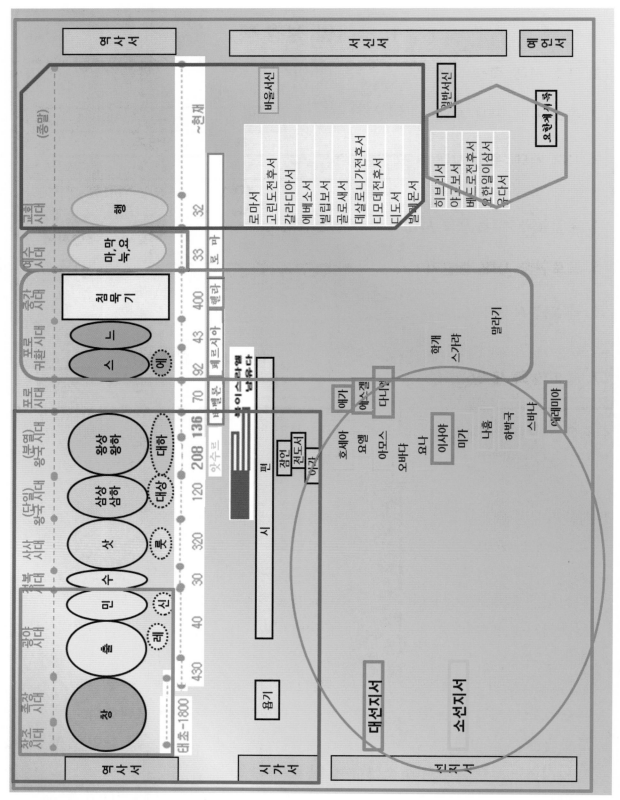

바이블 7포인트 연대표

성경의 맥을 잡는 과정의 목표는 성경 각 권이 성경 연대와 어떤 위치에서 만나고 있느냐를 이해하는 것이다.

성경시대를 가로축으로 나열하고 성경 각 권을 해당되는 연대 밑에 놓아가면 성경 전체의 구조를 한 눈에 볼 수 있다

모세오경에서 레위기와 신명기는 성경 역사상 특별 시점에서 봐야 한다.
룻기도 사사 시대 중의 이야기이므로 사사기 위로 빠진다. 역대 상하 2권의 책도 사무엘하 및 열왕기 상하에 해당하는 역사이다. 포로 귀환 후의 책 중에서 에스더서 사건은 에스라서 이야기의 중간 때에 일어났다.

지혜서 5권 가운데, 욥기는 족장 시대 이야기이고 시편은 모세의 시에서부터 유대 민족이 포로에서 귀환한 후까지 이어지는 감사와 찬양 시이다. 잠언, 전도서, 아가서는 솔로몬 왕이 청년기(아가서), 장년기(잠언), 노년기(전도서)에 각각 쓴 책이다.

대선지서와 소선지서의 구분은 선지자의 활약상 보다는 쓰여진 성경의 분량으로 대소 선지서로 구분한다. 이사야서는 북 이스라엘이 앗수르에 멸망할 시기에, 예레미야서는 남 유다가 바벨론에 멸망할 시기에 그리고 예레미야애가는 예루살렘 성이 무너지는 광경을 보면서 선지자가 애통해하는 마음을 남긴 것이다.
에스겔서는 남 유다가 멸망하기 전의 예언과 멸망한 후의 희망의 메시지이며 다니엘서는 바벨론에 1차로 잡혀간 다니엘이 페르시아 시대까지 총리로 활약하면서 일어난 일들을 기록한 것이다.
소선지서는 주변 국가의 멸망 예언, 회개 촉구와 희망의 메시지 그리고 성전 건축의 촉구 등의 말씀이다. 구약은 말라기를 끝으로 400년 중간기를 맞는다.

사복음서와 사도행전이 신약 역사의 주된 흐름이고 바울 서신서와 일반 서신서 그리고 요한계시록으로 신약을 마감한다.

성경은 하나님 나라, 언약, 성전, 구원사적, 예배, 하나님의 영광 등 여러가지 관점으로 읽어 갈 수 있다. 그러나 성경의 맥을 알고 '바이블 7포인트 연대표'를 활용한다면 어떠한 관점으로 성경을 보든지 더 쉽게 접근할 수 있다.

이러한 연대표를 쉽게 기억하기 위하여 7개 그룹으로 묶어서 사건이나 인물들을 이야기식으로 엮어나가는 것이 본 과정의 특징이다.
이렇게 해서 성경 전체를 단시간에 알기 쉽게 망원경으로 보고 나서, 성격 각 권을 현미경으로 들여다 본다면 성경 읽기에 흥미를 더해 줄 수 있다.

Part 2

바이블 맥 잡기 6시간

Part 2. 바이블 맥 잡기 6시간

I. 모세오경

II. 다윗 왕조

III. 선지서

IV. 포로귀환과 중간기

V. 사복음서

VI. 서신서와 요한계시록

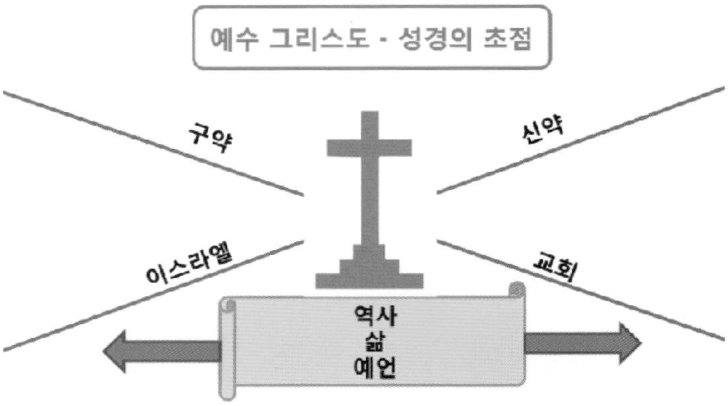

예수 그리스도 · 성경의 초점

구약

신약

이스라엘

교회

역사
삶
예언

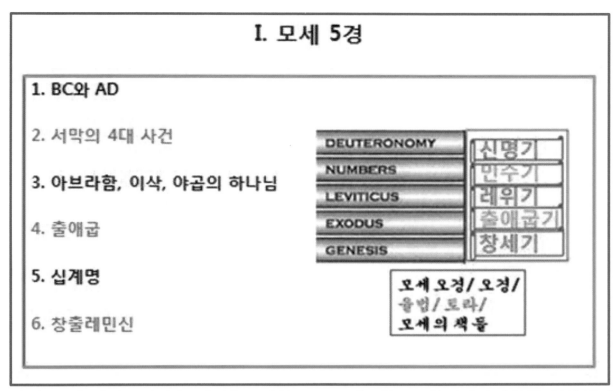

바이블 맥 잡기 6시간은 성경을 6단원으로 크게 나누고 한번에 2단원씩 진행해서 하루 2시간씩 3일 만에 성경의 맥을 잡는 과정이다.

I. 모세오경

II. 다윗 왕조

III. 선지서

IV. 포로귀환과 중간기

V. 사복음서

VI. 서신서와 요한계시록

모세오경

성경 처음 다섯권 창세기, 출애굽기, 레위기, 민수기, 신명기를 모세오경 또는 그냥 오경이라고 부른다. 모세가 쓴 책이기 때문에 모세의 책들이라고도 한다.

유대인들은 이를 토라(율법서)라고 부르는데 때에 따라서는 구약 전체를 토라라고 칭할 때도 있다.
모세가 어느 때 사람인가를 알아 보기 위해서는 먼저 BC와 AD를 알아야 한다.

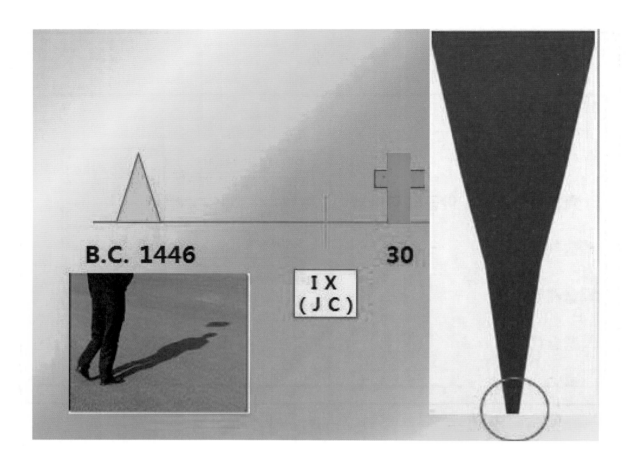

B.C. 1446

30

IX
(JC)

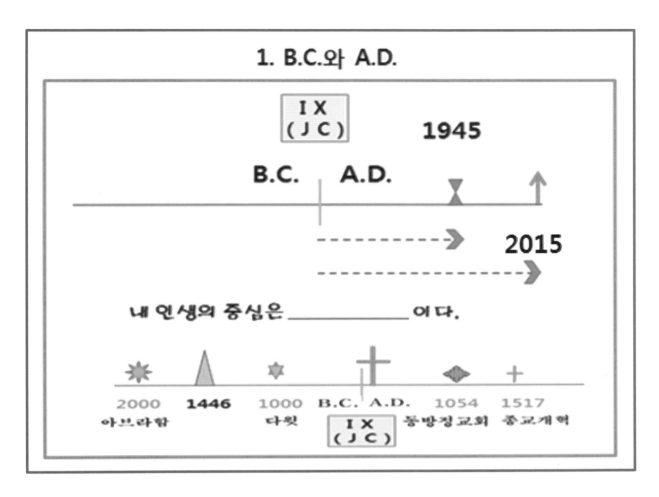

1. B.C.와 A.D.

B.C.(Before Christ)는 기원전을, A.D.(Anno Domini)는 기원후를 말한다. 기원이라 함은 예수님 탄생 시점을 기준으로 말한다.

2015년이 해방 후 몇 년이 되었는가를 알아 보기 위해서는 2015년에서 1945년을 빼면 되지만 2015년이나 1945년이 모두 기준점인 예수님 탄생 후부터 몇 년이 지났느냐를 말하는 것이다.

즉 내 인생의 중심이 바로 예수님이시다.
예수님을 중심으로 시내산 사건과 십자가 사건 이 제일 중요하다.

기독교 역사에서 중요한 사건들이 언제 일어났는가를 보자.
이스라엘 민족의 조상 아브라함은 B.C. 2000년 시대이고, 모세는 B.C. 1446년에 출애굽하였다. 다윗은 B.C.1000년경에 이스라엘 왕이 되었다.
예수님은 AD30년경 십자가에 달리셨고 동방정교회는 1014년에 가톨릭과 분리되었으며 마틴 루터는 1517년에 종교개혁을 하였다.

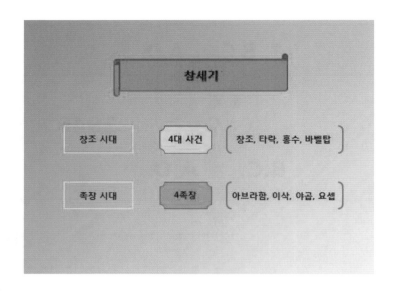

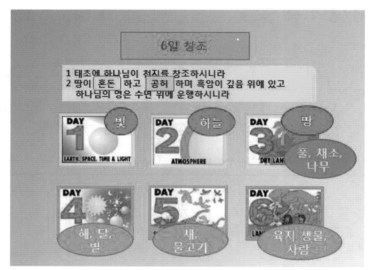

2. 서막의 4대 사건

2.1 창조
혼돈, 공허
질서, 채우심

2.2 타락
뱀의 유혹

2.3 홍수
노아의 방주
무지개 언약

2.4 바벨탑
언어의 혼잡
세상으로 흩어짐

'태초에 하나님이 천지를 창조하시니라'(창 1:1)라는 말씀으로 성경 창세기는 시작한다.

하나님께서 우주를 창조하실 당시 우주의 모습은 혼돈하고 공허하였다. 이에 하나님께서는 6일 동안 혼돈에서 질서를 잡으시고 공허한 곳을 창조물로 채우셨다. 이를 6일 창조라 한다. 인간은 마지막 날에 만드셨다.

그러나 첫 사람 아담과 하와가 뱀의 유혹에 빠져서 하나님의 명령에 불순종하여 선악과를 따 먹고 죄가 세상에 들어 온다. 타락이다.

아담과 하와는 에덴 동산에서 쫓겨나고, 후손들은 번창한다. 사람들이 점차 타락하자 하나님께서는 홍수로 세상을 심판하시고 노아의 가족 8명만 살려 주신다. 노아 방주 사건이다.

또 다시 세상에 사람들이 많아지자 그들은 높은 대를 쌓고 하나님을 대적하고자 한다. 이에 하나님께서 그들의 언어를 혼잡하게 하시고 세상으로 흩어지게 하시자 민족들이 형성 된다. 바벨탑 사건이다.

이와 같이 창조, 타락, 홍수, 바벨탑 4사건을 창조 시대 서막에 일어난 4대 사건이라고 하며, 창세기 11장까지의 이야기이다.

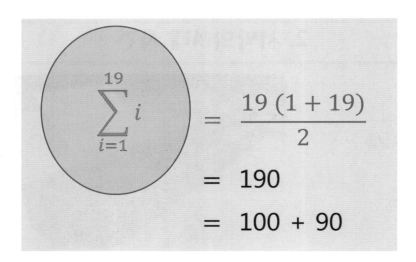

$$\sum_{i=1}^{19} i = \frac{19(1+19)}{2}$$
$$= 190$$
$$= 100 + 90$$

여호와 이레

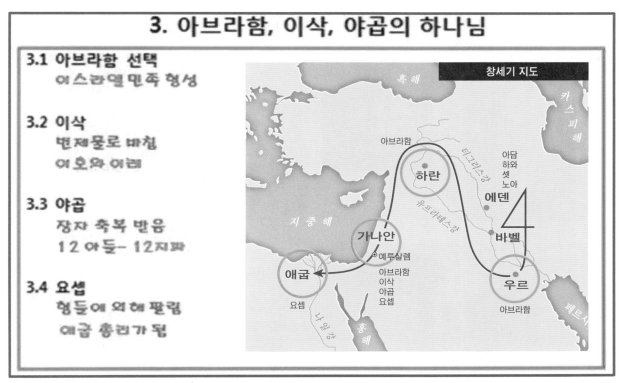

3. 아브라함, 이삭, 야곱의 하나님

3.1 아브라함 선택
이스라엘 민족 형성

3.2 이삭
번제물로 바침
여호와 이레

3.3 야곱
장자 축복 받음
12 아들- 12지파

3.4 요셉
형들에 의해 팔림
애굽 총리가 됨

하나님께서 우르에 살던 아브라함(아브람)을 선택하시고 이스라엘 민족의 조상으로 만드신다.
아브라함은 하란을 거쳐 하나님께서 지시하신 가나안 땅으로 들어간다.

아직 자식이 없었지만 하나님께서는 아브라함에게 하늘의 별과 같이 많은 자손을 주시겠다고 약속하시자 아브라함은 이러한 하나님의 말씀을 믿는다. 이를 하나님께서 의로 여기신다.

100세에 주신 아들 이삭을 제물로 바치라는 하나님의 명령에 믿음의 조상 아브라함은 순종하여 이삭을 바치지만 여호와 이레의 하나님께서는 제물을 별도로 준비하신다.
이러한 아브라함과 이삭의 순종에 하나님께서는 이삭에게 100배의 축복을 내리신다.

이삭의 아들 야곱은 장자의 축복을 빼앗고 12아들을 낳는다. 이들 12아들이 이스라엘 민족의 12지파가 된다.

형들에게 애굽으로 팔려간 요셉은 애굽의 총리가 되었는데, 고향 땅의 기근으로 말미암아 야곱의 모든 가족들을 애굽으로 불러 들인다.

유월절
踰越節
Passover

여호와 라파

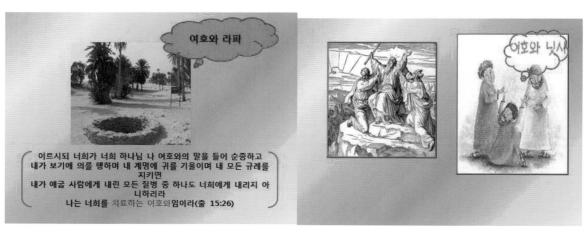

이르시되 너희가 너희 하나님 나 여호와의 말을 들어 순종하고
내가 보기에 의를 행하며 내 계명에 귀를 기울이며 내 모든 규례를
지키면
내가 애굽 사람에게 내린 모든 질병 중 하나도 너희에게 내리지 아
니하리라
나는 너희를 치료하는 여호와임이라(출 15:26)

여호와 닛시

나일강이 피로 변하니까, 개구리들이 뛰어 나왔다.
개구리 이빨에 파리가 앉아서 돌림병이 생기고 독종이 났다.
우박이 내려서 열을 식히니까 메뚜기 떼들이 몰려들어
하늘에 어둠이 깔리고, 장자의 죽음이 시작되었다.

4. 출애굽

4.1 애굽에서 종살이 400년

4.2 모세의 탄생
애굽 공주의 양자가 됨

4.3 10가지 재앙과 유월절

4.4 홍해를 건너 시내산으로
홍해가 갈라 짐
십계명, 성막

4.5 40년 방황
12명이 40일간 가나안 정탐
여호수아와 갈렙만 들어 가자고 함
40년간 광야 훈련

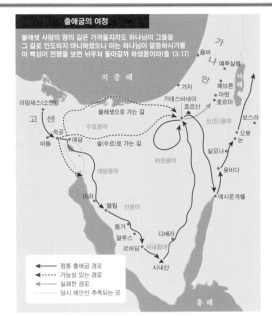

애굽으로 내려간 70명의 야곱 가족과 그 자손들은 애굽의 총리였던 요셉이 죽자 애급의 종살이가 시작된다. 종살이 400년에 이르자 살려달라고 애원하는 그들의 소리를 듣고 하나님께서는 모세를 통하여 이스라엘 백성들을 출애굽 시키신다.

모세가 태어날 당시에 갓난이스라엘 남자아이는 죽이라는 명령을 내리지만, 모세의 부모는 모세를 3개월간 숨겨 키우다가 갈대상자 속에 모세를 넣고 나일 강에 떠내려 보낸다. 애굽 공주에 의해 건짐을 받은 모세는 궁중에서 40년간 지도자 훈련을 받지만, 40세에 살인 사건으로인해 미디안 광야로 도망가서 목자 생활로 40년을 보낸다. .

80세에 떨기나무 앞에서 하나님으로부터 소명을 받고 애굽으로 들어가서 이스라엘 백성들을 이끌고 가나안 땅을 향해 나온다.
이 과정에서 장자를 죽이는 재앙을 비롯한 10가지 재앙을 통해 바로 왕의 마음을 돌린다.

홍해를 건너 시내산에서 십계명과들은 성막에 관한 말씀을 받지만, 그들은 40년간 광야 훈련을 받는다.

십계명 쉽게 외우는 방법

1. 한 분이신 하나님 외에 다른 신을 두지 말라
2. 이상한 우상을 만들지 말라
3. 삼위일체 하나님 이름을 망령되게 부르지 말라
4. 사나 죽으나 안식일은 거룩하게 지키라
5. 오직 네 부모를 공경하라
6. 욱혈포로 살인하지 말라
7. 칠보단장한 여인을 간음하지 말라
8. 팔로 도둑질하지 말라
9. 구렁이 담 넘어가듯 거짓 증거하지 말라
10. 열 가지나 탐내지 말라

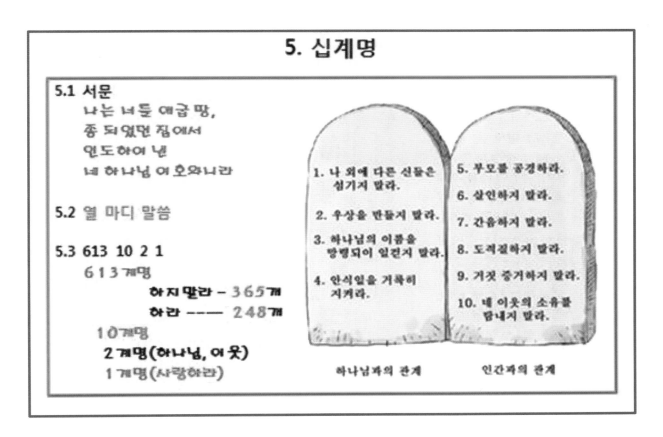

시내산에 이른 이스라엘 백성들에게 하나님께서는 십계명을 주신다.
십계명은 10가지 말씀인데, 보통 서문을 중요시 여기지 않는다.

십계명의 서문은 하나님께서 자신이 애굽 땅 종살이하던 집에서 구해주신 분이라는 점을 강조하신 말씀이다.

모세오경에 있는 계명은 모두 613가지이다.
이중에서 하지 말라는 게명이 365가지이고, 하라는 계명이 248가지이다.
유대인들은 우리 몸에 장기, 뼈 등 365가지가 있는데 이들이 잘 움직여야 하고, 숨구멍, 혈관 등 248곳의 구멍이 있는데 이들이 막히면 안된다고 보고 613계명을 찾은 것이다.

10계명은 크게 하나님과의 관계와 인간과의 관계 계명으로 나눌 수 있는데 이들이 하나님 사랑과 이웃 사랑 계명이다.

사랑계명 2가지를 예수님께서 서로 사랑하라는 사랑계명으로 통일 시키셨다.
613 → 10 → 2 → 1 계명으로 압축된 것이다.

5대 제사와 7절기

5대 제사

번제 : 헌신
소제 : 충성과 감사
화목제 : 화목과 친교
속죄제 : 부지중 지은 죄
속건제 : 성물, 타인 물건

7절기

유월절: 예수님 죽음
무교절: 예수님 무덤
초실절: 예수님 부활
오순절: 성령님 강림
나팔절: 예수님 재림
속죄일: 배보좌 심판과 죄사함
초막절: 영원한 장막

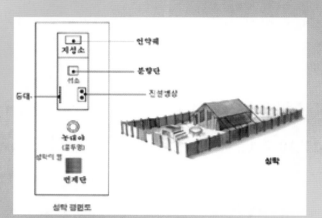

6. 창출레민신

1. **창세기**
   4대 사건과 4대 족장

2. **출애굽기**
   애굽에서 시내산까지

3. **레위기**
   거룩하게 되는 방법
   5대 제사 7절기

4. **민수기**
   원망과 불평
   광야 40년 생활

5. **신명기**
   모세의 고별 설교 3편
   생사화복 원리

창세기는 4대 사건과 4족장이 나오며, 천지를 창조하신 하나님과 불순종으로 타락한 인간들을 돌보시는 하나님의 사랑 이야기이다.

출애굽기는 출애굽한 이스라엘 백성들을 시내산에서 십계명을 받기까지 인도 하시는 하나님이야기이다.

레위기는 거룩하신 하나님께서 우리에게도 거룩하라고 말씀하시면서 거룩하게 되는 방법으로 5대 제사와 7절기를 주신 이야기이다.

민수기에서는 십계명을 받은 이스라엘 백성들을 가나안 땅으로 인도하시는 하나님을 볼 수 있다. 이스라엘 백성들은 원망과 불평을 하면서 40년 동안 광야에서 훈련을 받는다.

신명기는 가나안 땅을 바라 보면서도 들어가지 못하는 모세가 출애굽 여정을 회고하면서 한 3편의 설교 말씀이다. 불순종한 이스라엘 백성들과 함께 하시는 인내와 사랑의 하나님을 만난다.

모세오경의 구조분석은 창세기와 신명기가 불순종이란 주제로 대칭 병렬되며, 출애굽기와 민수기가 시내산을 중심으로 대칭된다. 그리고 모세오경의 중심에 레위기가 있다.

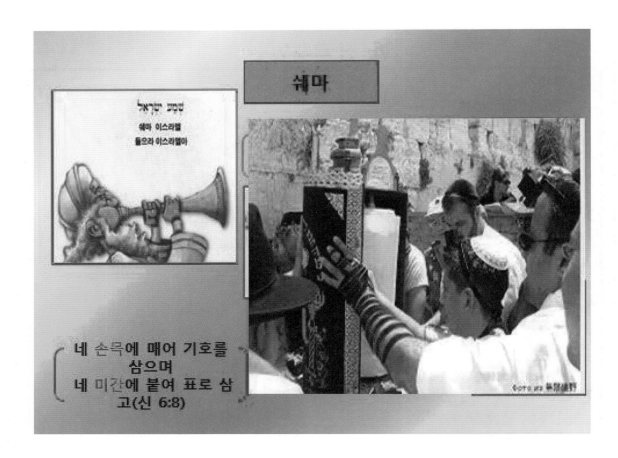

쉐마

네 손목에 매어 기호를
삼으며
네 미간에 붙여 표로 삼
고(신 6:8)

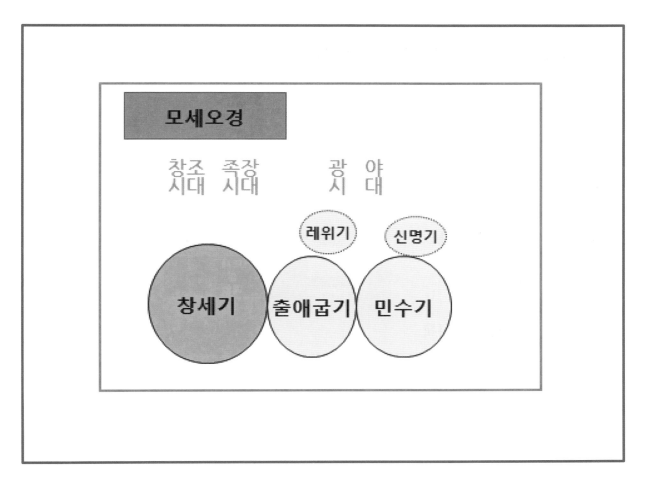

모세오경을 연대기 별로 정리해보면 창세기는 11장까지가 창조 시대이야기이고, 12장부터는 아브라함을 부르시고 이스라엘 민족을 만들어 가시는 하나님과 4족장들과 어떻게 함께 하시면서 역사하시는가 하는 이야기이다.

광야 시대는 출애굽기, 레위기, 민수기, 신명기로 구성된다.

레위기는 모세가 3번의 금식을 통하여 시내산에서 말씀을 받은 상세한 내용이다. 따라서 레위기는 별도의 성경 역사 흐름이 아니고, 시내산에서 머무를 때의 사건 기록이다.
레위기의 5대 제사와 7절기는 모두 예수님 사역의 모형이다.

민수기는 시내산을 출발하여 가나안 땅으로 가는 이스라엘 백성들의 모습을 그리고 있다. 바위에 명하여 물을 내라는 하나님의 말씀에도 불구하고 화가 난 모세가 바위를 지팡이로 내려친 죄로 모세는 가나안에 들어가지 못한다.

신명기는 민수기 마지막 때 한 모세의 설교이다.

Part 2. 바이블 맥 잡기 6시간

I. 모세오경

II. 다윗 왕조

III. 선지서

IV. 포로귀환과 중간기

V. 사복음서

VI. 서신서와 요한계시록

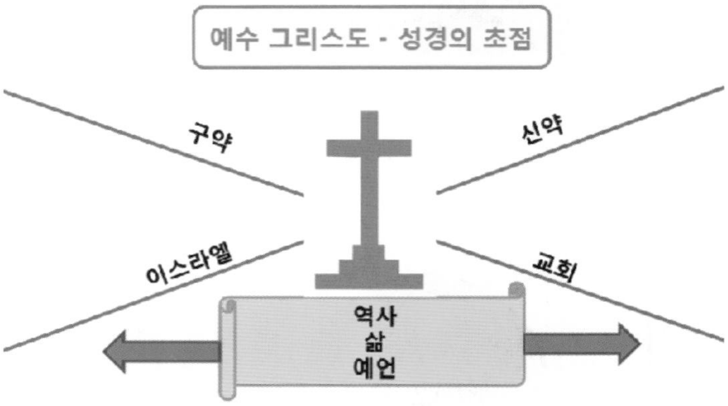

예수 그리스도 · 성경의 초점

구약

신약

이스라엘

교회

역사
삶
예언

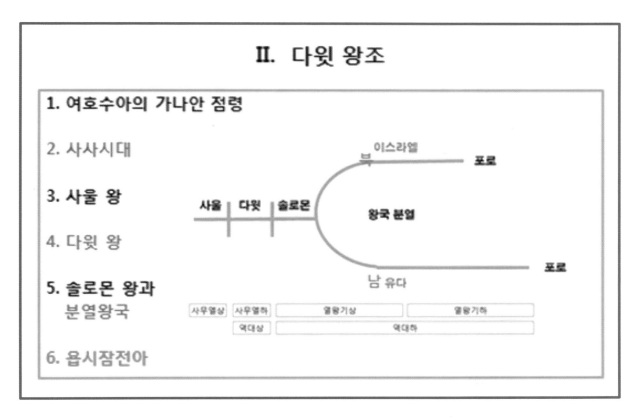

II. 다윗 왕조

1. 여호수아의 가나안 점령

2. 사사시대

3. 사울 왕

4. 다윗 왕

5. 솔로몬 왕과 분열왕국

6. 욥시잠전아

이스라엘

사울 | 다윗 | 솔로몬

왕국 분열

북 포로

남 유다 포로

사무엘상	사무엘하	열왕기상	열왕기하
역대상		역대하	

다윗 왕조는 이스라엘 백성들이 모세의 후계자 여호수아의 인도로 가나안 땅을 정복하는 이야기에서부터 사사 시대를 거쳐 사울, 다윗, 솔로몬 왕 시대로 이어지지만 솔로몬 왕 이후에 남쪽은 유다, 북쪽은 이스라엘로 분열된다.

분열 왕국은 북 이스라엘이 앗수르에, 남 유다는 바벨론에 멸망당 하고 만다.

한편 지혜문학이라고 불리는 시가서인 욥기,시편, 잠언, 전도서, 아가서도 우리 신앙생활과 연결하여 이해할 수 있다.

사울 왕의 이야기는 사무엘상에, 다윗 왕의 이야기는 사무엘 하에 그리고 솔로몬 왕의 이야기는 열왕기상에 나온다.

이스라엘 백성들이 포로에서 귀환한 다음에 유대인의 정체성을 살려주고 위로해 주기 위해 기록된 역대상하에는 다윗 왕을 중심으로 한 족보 이야기가 상세하게 언급되며 다윗 왕 이야기는 역대상에 그리고 솔로몬 왕과 남 유다 왕들의 제사장적 치적만이 역대하에 기록되어 있다.

역대기에서는 다윗 왕과 솔로몬 왕의 실수와 허물에 대해서 언급하지 않는다.

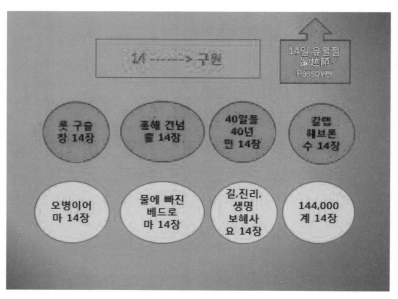

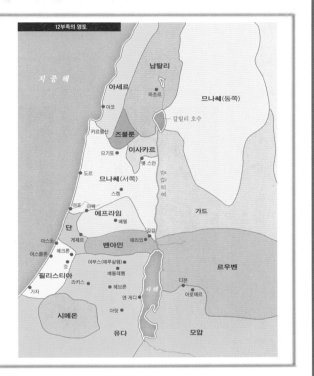

1. 여호수아의 가나안 점령

1.1 여리고성 무너짐
　요단강 건넘
　여리고성과 기생라합
　아모리 족속 멸함 -
　　　태양과 달이 멈춤
　하나님 선택하라

1.2 블레셋 지역 점령 못함

1.3 가나안 땅 분배
　젖과 꿀이 흐르는땅

1.4 도피성
　요단강 동서쪽 각3곳
　실수로 살인한자 구원

홍해를 건넌 모세 시대의 기적과 같이 모세의 후계자 여호수아도 강을 가르는 기적을 통하여 요단강을 건너간다.

여리고성을 정탐하려 들어 갔던 정탐꾼들이 기생 라합의 도움으로 탈출에 성공한다. 라합의 이름이 룻기에서 언급되고 마태복음의 예수님 족보에도 오른다.

여호수아는 아모리 족속과의 싸움에서 태양과 달이 거의 하루 종일 멈추는 기적을 통하여 승리를 얻는다.
이스라엘 백성들은 가나안을 점령하고 땅을 분배하지만 블레셋을 비롯한 가나안 족속들을 전부 탕진 하지는 못한다. 이는 하나님께서 그들로 하여금 이스라엘을 치리 하시는데 도구로 사용하시기 위함이었다.

가나안 땅을 분배함에 있어서는 갓지파와 르우벤 지파 그리고 므낫세 지파의 반이 요단강 동쪽에 마무르기로 하여 9지파 반 만이 가나안 땅을 분배 받았다.

실수로 살인한자를 보호하기 위한 도피성이 요단강 동서쪽에 각각 3곳씩 마련됨

사사들

드보라   기드온   입다   삼손

그 때에는 이스라엘에 왕이 없었으므로
사람마다 자기 소견에 옳은 대로 행하였더라(삿 17:6, 21:25)

기드온

여호와 샬롬
(삿6:24)

שלום
SHALOM

2. 사사 시대

2.1 신정정치
하나님의 통치 (언약에 대한 하나님의 신실하심)
불순종 → 이방인의 압제 → 곤경 중에서 부르짖음 → 구원

2.2 드보라
여선지자의 종려나무, 이스라엘의 어머니
전쟁은 야엘이 마무리함

2.3 기드온
양털 표징
기드온과 300용사
(32,000 - 10,000 - 300명)

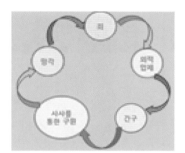

2.4 입다
서자 출신 입다
서원으로 딸을 바친 사사

2.5 삼손
나실인
삼손과 들릴라

· 삿 21:25 각자의 소견대로 행하다

사사 시대란 왕을 세우지 않고 하나님께서 사사를 통하여 이스라엘을 직접 통치하시던 시대이다. 이스라엘을 지키시겠다는 신실하신 하나님께서 그 언약을 지키시기 위하여 직접 통치하신 것이다.

그럼에도 불구하고 이스라엘 백성들은 시간이 가면서 우상을 섬기고 하나님 앞에서 죄를 범한다. 하나님께서는 주변 국가들로 하여금 이스라엘을 압제하게 하시지만, 못 살겠다고 잘못했다고 회개하면 인자하신 하나님께서는 사사를 통하여 구원해 주신다.

드보라는 여선지자로 종려나무 아래에서 재판하였다. 적군이 쳐들어 왔을 때 남자 대장이 혼자 가지 못하겠다고 하자 하나님께서는 그 전쟁을 또 다른 여인 야엘이 마무리하도록 하신다.

입다와 삼손도 영화로까지 소개된 재미있는 이야기를 제공하고 있다. 입다는 잘못된 서원으로 자기 딸을 하나님께 바치는 실수를 범하였고 삼손은 그 좋은 힘을 엉뚱한데 바치고 만다. 사랑에 눈이 멀어서 정말로 눈이 멀어버렸다.

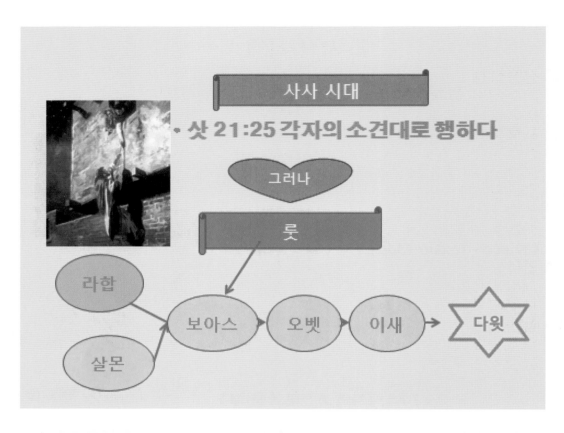

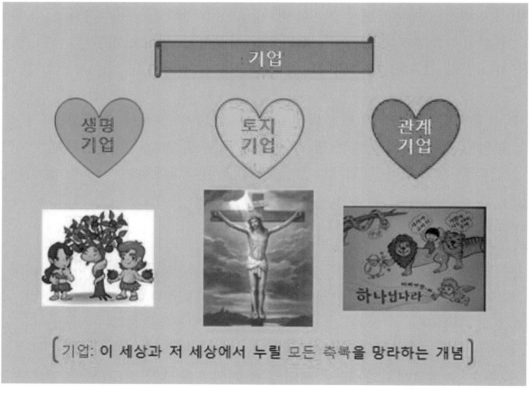

3. 사울 왕

1. 왕을 요구
신정에서 왕정으로

2. 사울을 선택
사무엘 선지자

3. 사울왕의 실수
제사드림
아말렉 족속 멸함 X
신접한 여인

4. 사울과 다윗
13년간 다윗을 쫓음
사울은 천천 다윗은 만만
사무엘상에 기록

사무엘상	
사무엘(1-8장)	사울(9-31장)
신정(神政)	왕정(王政)
사사(士師)	왕
하나님께 순종	자기 자신을 의지
사람들이 거부	하나님께서 거부

이스라엘 백성들이 자기들도 주변 국가들처럼 왕을 세워달라고 요구하게 되었다.
그 당시 사사였던 사무엘은 그들의 요구를 하나님께 아뢰고 허가를 받는다.
이제 이스라엘은 신정정치에서 왕정정치 시대로 바꾸게 된다.

이스라엘의 초대 왕 사울 왕은 세월이 흐름에 따라 하나님께 불순종하면서 실수를 저지른다.
제사장이 드려야 할 제사를 자신이 드린다든지, 아멜렉을 전멸하라는 하나님의 말씀을 듣지 않고 좋은 것들은 전리품으로 챙긴다든지 심지어는 신접한 여인을 찾아가기 까지 한다.
사울 왕을 버리신 하나님께서는 다윗을 후계자로 선택하신다.

사무엘상에서 사울 왕은 13년간이나 다윗을 죽이려고 쫓아다닌다.
사울은 천천이요 다윗은 만만이라는 백성들의 환호 소리를 사울 왕이 이기지 못하고 시기심만 더욱 커진 것이다.

사무엘상 17장에서 어린 다윗이 물매 돌 5개와 만군의 여호와의 이름으로 나아가 거인 골리앗을 물리치면서 다윗이 영웅처럼 역사에 등장한다.

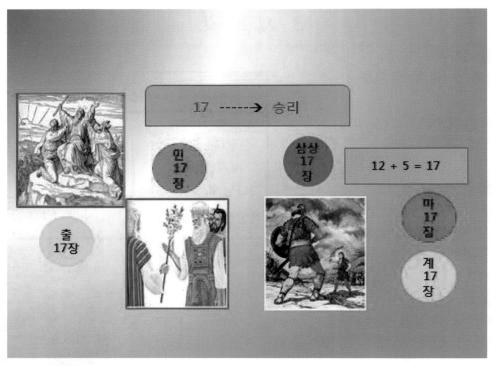

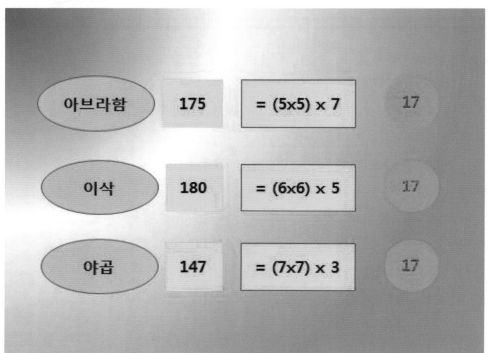

4. 다윗 왕

4.1 다윗과 골리앗
물매와 돌 다섯
만군의 여호와의 이름, 이스라엘 군대의 하나님의 이름으로 나감

4.2 유다 족속의 왕 즉위
헤브론에서 기름 부음, 7년 6개월 다스림

4.3 통일 이스라엘 왕 즉위
예루살렘에서 33년 통치
단에서 브엘세바까지 영토 확장

4.4 성전 건축을 계획
솔로몬에게 넘어감

4.5 사건들
밧세바 사건
압살롬의 반역 – 부자가 왕권 다툼
인구 조사와 징계 – 3일 동안 온 땅에 전염병 ──▶ 7만 명 사망

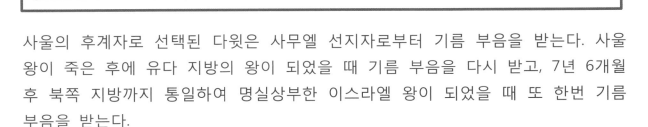

사울의 후계자로 선택된 다윗은 사무엘 선지자로부터 기름 부음을 받는다. 사울 왕이 죽은 후에 유다 지방의 왕이 되었을 때 기름 부음을 다시 받고, 7년 6개월 후 북쪽 지방까지 통일하여 명실상부한 이스라엘 왕이 되었을 때 또 한번 기름 부음을 받는다.

다윗 왕은 하나님을 위하여 성전을 건축할 마음이 있었지만 하나님께서는 다윗 왕이 전쟁으로 인하여 피를 너무 많이 흘렸기 때문에 성전 건축을 솔로몬 왕에게 미루신다.

다윗 왕은 아들 압살롬과 왕권 다툼도 벌린다. 아름다운 몸매 특히 머리를 자랑하던 압살롬은 도망 다니다가 머리가 상수리 나무에 걸려 죽게 된다.

다윗 왕은 자기의 세를 과시하기 위해 인구 조사를 함으로 하나님의 명령을 거역한다. 이 일로 인하여 3일 동안 온 땅에 전염병이 돌아서 7만명이 사망하는 벌을 받는다. 이런 일로 인해 서양에서는 근대까지 인구 조사 활동이 없었다고 한다.

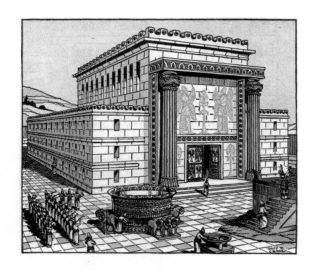

5. 솔로몬 왕과 분열왕국

5.1 일천 번제
지혜로운 마음을 구함
(하나님의 음성을 듣자)
부와 영광도 얻음

5.2 솔로몬 성전 건축
성전 → 7년 건축
자신의 왕궁 → 13년 건축

5.3 솔로몬의 지혜
한 아이의 두 어미 판결
스바 여왕의 방문(예멘)

5.4 솔로몬 부인들의 우상 숭배
후궁-700명, 첩-300명 ---> 예배가 무너짐 ---> 왕국 분열

다윗 왕을 이어서 솔로몬이 왕이 된다. 솔로몬은 다윗 왕이 밧세바를 통하여 얻은 왕인데, 밧세바를 얻기까지의 의롭지 못한 행실이 사무엘하에 자세히 나와 있다. 그렇지만 이러한 이야기가 열왕기에서는 언급되지 않는다.

솔로몬 왕은 일천 번제를 하나님께 드리고 하나님의 지혜를 구한다. 하나님께서는 지혜 뿐만 아니라 부귀와 영광도 허락하신다. 하나님의 음성을 듣기 원하는 자는 하나님께서 구하지 아니한 것까지도 주시는 것이다.

지금도 정치적으로나 국제적으로 어려운 일을 당하면 솔로몬의 지혜가 필요하다는 말을 할 정도로 솔로몬의 지혜는 뛰어났다. 스바의 여왕이 솔로몬의 지혜를 시험하고자 찾아왔다가 솔로몬의 아이를 갖게 되어, 스바 나라가 솔로몬의 후예가 되었다고 한다

솔로몬은 성전을 7년 동안 짓지만 자신의 왕궁을 위해서는 13년 동안 건축한다. 그리고 후궁을 700명 두고 첩을 300명이나 두어 이들로 인해 이방 신들이 이스라엘에 들어오게 되고 결국에는 다윗 왕국이 남북으로 분열하게 되는 심판을 받는다.

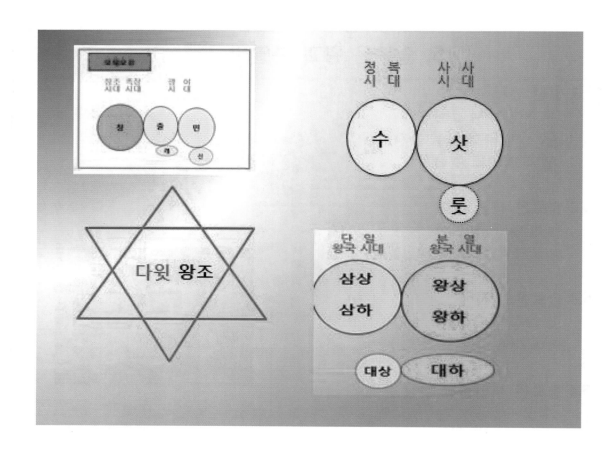

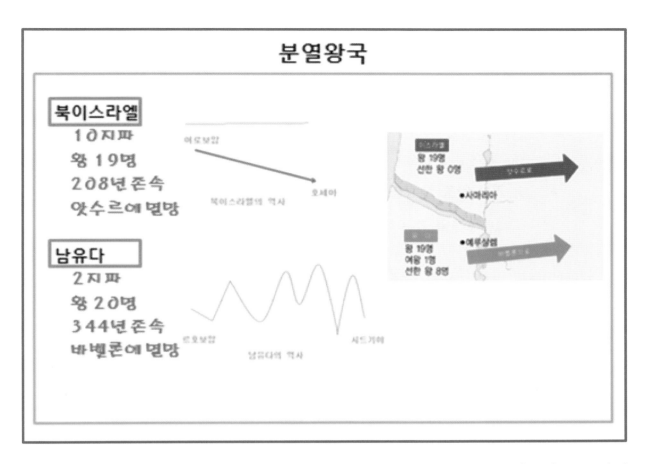

솔로몬 왕 사후에 북쪽 열 지파가 독립하여 북 이스라엘 국가를 세운다. 200여년 존속하다가 앗수르에 망하고 만다.

북 이스라엘에는 19명의 왕이 있었지만 하나님 보시기에 선한 왕은 한 명도 없었다. 우상을 섬기며 선지자의 말을 듣지 않다가 하나님의 심판을 받은 것이다.

남 유다는 2지파만이 남아서 350여년 존속했으나 결국 하나님의 심판 도구였던 바벨론에 의해 멸망한다.

남 유다에는 여왕 1명을 포함하여 20명의 왕이 다스렸다. 그 중 히스기야, 요시아 왕 등 8명의 왕만이 선한 왕이었고 나머지는 모두 악을 행한 왕이었다.

남 유다는 완전히 멸망하기 전에도 바벨론에 의해 침략을 당하면서 2차례에 걸쳐 포로로 잡혀가다가 예루살렘이 무너지면서 거의 대부분의 백성들이 바벨론으로 포로로 잡혀갔다. 모두 3차에 걸쳐 바벨론 포로로 이송되었다.

엘리사가 받은 갑절의 영감

엘리야 선지자		엘리사 선지자
사르밧 과부 축복 (통의 가루와 기름)	:	선지자 아내 축복 (기름, 생활비 충당)
사르밧 과부 아들 살려냄	:	수넴 여인의 아들 + 죽은 후 기적
3년 6개월 기근	:	7년 기근

* 갑절이란 말은 장자의 의미이다. --→ 수제자

엘리야와 엘리사 선지자

1. 엘리야 선지자
   아합 왕의 바알 선지자와 갈멜산 대결
   까마귀가 물과 떡을 공급
   사르밧 과부에게 행한 기적
   병거 타고 승천

2. 엘리사 선지자
   갑절의 영감
   나아만 장군 치유
   과부의 기름 축복
   사환 게하시

3. 히스기야 왕의 15년 수명 연장

4. 요시아 왕의 종교개혁

사르밧 과부에게 기적을 베풀어 3년 반 가뭄 기간 동안 통의 가루와 병의 기름이 없어지지 아니하는 기적을 베푼 엘리야 선지자는 북 이스라엘 아합 왕의 바알의 선지자 450명 및 아세라의 선지자 400명과 갈멜산에서 불 시합을 하여 승리한 후 바알의 선지자 450명을 죽여버린다.

엘리야 선지자가 병거 타고 하늘로 올라가면서 엘리사 선지자에게 겉옷을 던져 줌으로 엘리사는 엘리야의 후계자가 되고 갑절을 영감을 받게 된다.

엘리사 선지자도 과부의 기름 기적 등 엘리사보다 2배의 기적을 행하였는데, 나아만 장군의 나병을 치유한 사건은 유명하다.

히스기야 왕은 죽게 되었을 때 하나님께 기도함으로 15년의 수명을 연장 받았다. 그러나 이 기간 동안에 낳은 므낫세 왕이 유다 왕 중에서 가장 악한 왕이다. 요시아 왕은 종교개혁을 통하여 예배를 회복 시켰다.

엘리야 선지자 이야기는 열왕기상에, 엘리사 선지자 이야기는 열왕기하에 나온다.

지혜문학

1. **욥기 – 족장 시대의 욥과 세 친구 대화**
   의인은 고통을 당하나 악인은 번영하는 까닭
   절대주권을 겸손히 받아들이는 욥의 신앙 모습
2. **시편 – 150편, 5권**
   하나님께 시선을 고정시키고 폭풍 속에서 살아가는 자의 삶
   기도와 감사와 찬양의 삶
3. **잠언 – 솔로몬 장년기, 지혜롭게 사는 법, 31장.**
   매일의 삶 속에서 하나님의 길을 드러내며 사는 삶
   하나님의 계획은 거룩을 통하여 우리를 행복하게 하심
4. **전도서 – 솔로몬 노년기, 하나님 없는 인생은 허무하다.**
   외로움과 공허감에 부딪히는 길이 기쁨으로 가는 길
   하나님을 경외하고 명령을 지키는 것이 사람의 본분이다.
5. **아가 – 솔로몬 청년기, 부부관계를 통한 그리스도와 교회의 영적 연합**
   하나님과의 연합의 기쁨
   하나님 안에서의 행복

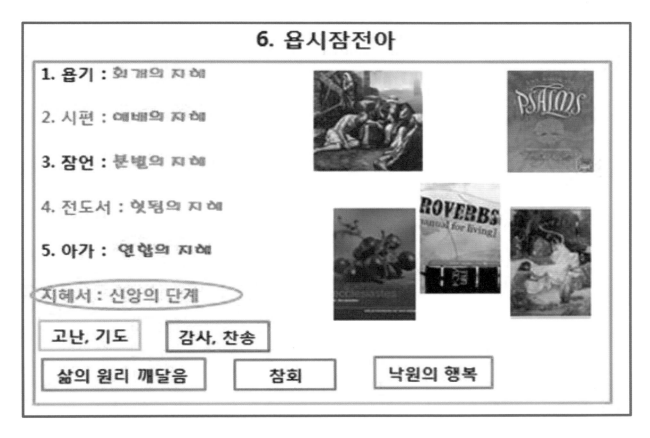

6. 욥시잠전아

1. 욥기 : 회개의 지혜

2. 시편 : 예배의 지혜

3. 잠언 : 분별의 지혜

4. 전도서 : 헛됨의 지혜

5. 아가 : 연합의 지혜

지혜서 : 신앙의 단계

| 고난, 기도 | 감사, 찬송 | |
| 삶의 원리 깨달음 | 참회 | 낙원의 행복 |

욥기는 창세기의 족장 시대에 욥과 세 친구와의 대화 내용이다. 의인은 고통을 당하나 악인이 번영하는 까닭에 대한 해답을 준다.
절대주권을 겸손히 받아들이는 욥의 신앙을 배워야 한다.

시편은 모두 150편이고 이를 5권의 책으로 나눈다. 이들 5권은 모세오경과 한 권씩 서로 연결시켜 주는 공통된 주제가 있다. 하나님께 시선을 고정시키고 폭풍 속에서 살아가는 자의 삶의 노래로 기도와 감사, 찬양의 시이다.

잠언은 솔로몬이 장년기에 쓴 지혜롭게 사는 법에 대한 이야기로 31장으로 되어 있어서 하루에 한 장씩 읽도록 권유한다.

전도서는 솔로몬의 노년기에 기록된 책으로 하나님 없는 인생의 허무함을 말하고 있다. 하나님을 경외하고 명령을 지키는 것이 사람의 본분임을 일깨워 준다.

아가는 솔로몬의 청년기 작품으로 부부관계를 통하여 그리스도와 교회의 연합의 기쁨을 말하고 있다. 하나님과의 연합의 기쁨과 하나님 안에서의 행복을 노래한다.

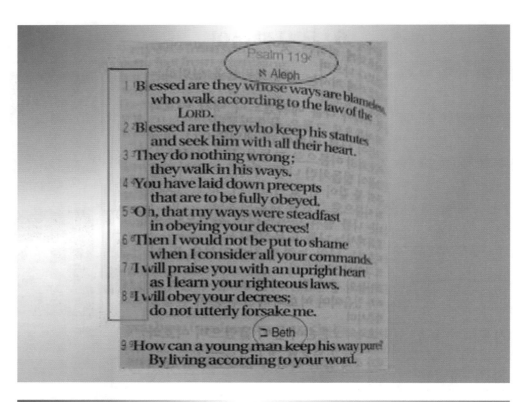

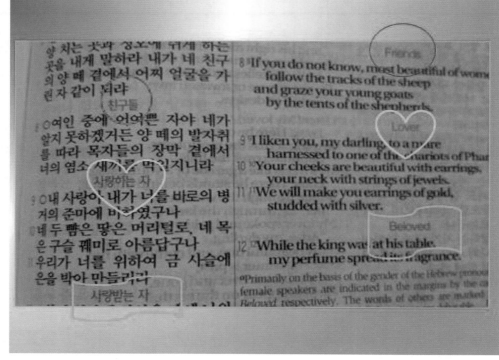

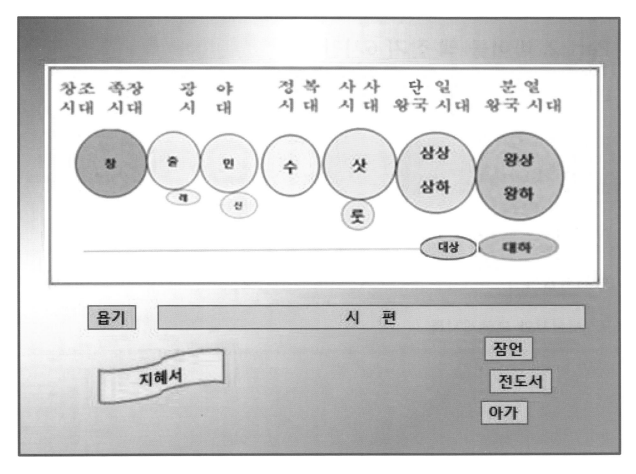

가나안 땅을 점령, 분배한 후 사사 시대를 걸쳐 왕정 시대로 이어지는데 중간에 룻기가 있다.

사사 시대는 사람들이 각기 자기 소견에 좋을대로 행하였지만 나오미와 룻은 결국 예루살렘으로 돌아와서 기업 무를자 보아스를 만나고 다윗 왕의 선조가 된다. 이 이야기는 사사 시대 이야기이다.

역대상하 두 권의 책도 다윗 왕조 시대의 이야기이므로 사무엘하 및 열왕기상하와 시대를 같이 한다.

지혜서 또는 시가서라 부르는 5권 중 욥기는 아브라함과 같은 시대로 보며 성경 책 중에서 가장 먼저 기록된 책으로 알려져 있다.

시편은 다윗 왕이 절반 이상을 작사하였으나 출애굽 시대 모세의 노래(시 90편)도 있고 포로 귀환 시에 부르던 노래들도 포함되어 있어서 연대표에서는 가장 길게 표기된다.

Part 2. 바이블 맥 잡기 6시간

I. 모세오경

II. 다윗 왕조

III. 선지서

IV. 포로귀환과 중간기

V. 사복음서

VI. 서신서와 요한계시록

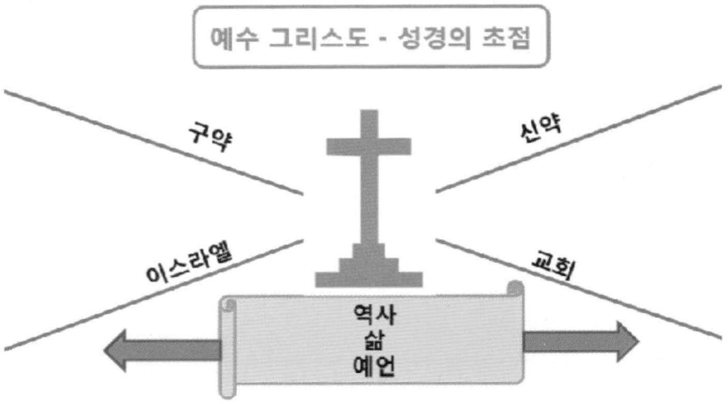

예수 그리스도 · 성경의 초점

구약　　신약

이스라엘　　교회

역사
삶
예언

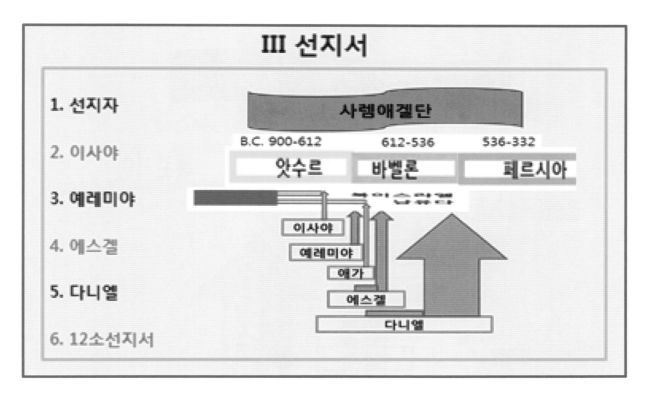

선지서는 대선지서와 소선지서로 구분된다.

대선지서는 5권으로 다음과 같다.
이사야, 예레미야, 예레미야애가, 에스겔, 다니엘

한편, 소선지서는 다음과 같은 12권이다.
호세야, 요엘, 아모스, 오바댜, 요나, 미가, 나훔, 하박국, 스바냐, 학개, 스가랴,
말라기

이러한 대소 선지서의 구분은 선지자 활약의 중요성 보다는 선지자가 기록한 책
의 분량에 따른 구분이다.

유대 성경은 소선지서 12권을 한 권으로 묶었다.

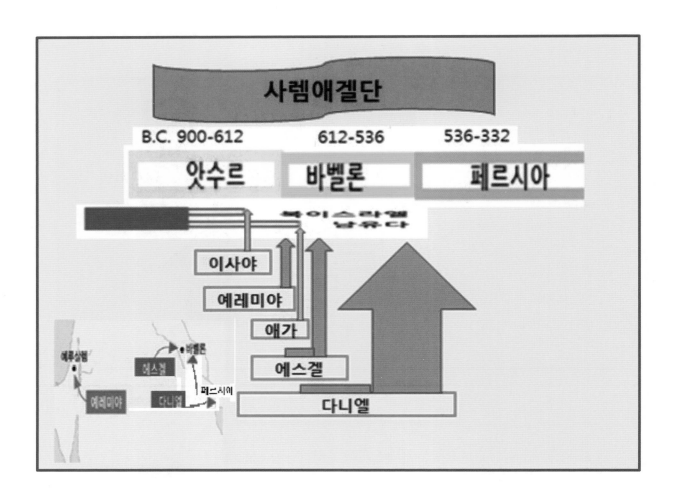

1. 선지자

1. 선지자
- 하나님의 선택
- 죄를 꾸짖고 바른 길로 인도
- 회개와 격려
- 예언은 2차적 사명

2. 메시지
- 그때 거기에 사는 사람들에게 선포
- 하나님의 언약 백성임을 깨우침
- 죄-심판-회개-회복
- 장차 오실 메시아와 그의 나라

3. 인간의 행복은 _____ 을 갈망하는 _____ 에 있다.
심판 - 소망 - 거룩

> 선지자 55명(탈무드)
>   남 선지자 : 48명(아브라함, 이삭, 야곱, 모세, 아론.....)
>   여 선지자 : 7명(사라, 미리암, 드보라, 한나, 아비가일, 훌다, 에스더)

하나님께서 선택하신 선지자는 그 당시 거기 사는 백성들에게 하나님의 메시지를 선포한다. 하나님의 언약 백성임을 깨우치고 죄를 꾸짖고 바른 길로 인도한다.

선지자의 예언은 2차적인 사명이다. 그들은 죄를 심판하고, 회개하면 회복시켜 주신다는 회개와 격려의 말씀을 전하면서도 장차 오실 메시아와 그의 나라를 선포하고 있다..

탈무드에서는 선지자 55명을 언급하고 있다.
남 선지자로서는 아브라함, 이삭, 야곱, 모세 등 48명이며,
여 선지자로서는 사라, 미리암, 드보라 한나 등7명이다.

그러나 다니엘은 탈무드 선지자 명단에 빠져있다. 아마도 다니엘서에서 회개와 회복의 이야기 보다는 꿈 해석이나 마지막 때의 예언이 언급되기 때문이다.

선지자들의 외침은 한 마디로 인간의 행복이 하나님을 갈망하는 거룩에 있음을 강조하고 있음을 알 수 있다..

여호수아 10장 12-13절

여호와께서 아모리 사람을 이스라엘 자손에게 넘겨 주시던 날에 여호수아가 여호와께 아뢰어 이스라엘의 목전에서 이르되 태양아 너는 기브온 위에 머무르라 달아 너도 아얄론 골짜기에서 그리할지어다 하매

태양이 머물고 달이 멈추기를 백성이 그 대적에게 원수를 갚기까지 하였느니라 야살의 책에 태양이 중천에 머물러서 거의 종일토록 속히 내려가지 아니하였다고 기록되지 아니하였느냐

이사야 38장 8절

보라 아하스의 해시계에 나아갔던 해 그림자를 뒤로 십 도를 물러가게 하리라 하셨다 하라 하시더니 이에 해시계에 나아갔던 해의 그림자가 십 도를 물러가니라

2. 이사야

1. 66장(39장 + 27장)
   구약 39권, 신약 27권

2. 그리스도의 일생 묘사
   고난의 종, 겸손의 종
   탄생, 죽음, 부활, 재림

3. 예언자의 왕
   이사야 복음
   제5복음

   여호와의 종의 노래
   60년간 사역

   톱으로 잘려 순교 (히 11:37)

이사야서는 모두 66장으로 그 분량도 성경에서 제일 많다. 이사야 선지자가 60년 간 사역하였기에 하나님께로부터 받은 말씀이 그렇게 많은가 보다.

이사야서는 전반 39장까지를 구약 39권과, 후반 27장을 신약 27권과 맥을 같이하는 것으로 보기도 한다.

전반부는 죄를 지적하고 죄를 많이 꾸짖는 말씀이고, 후반부에서는 그래도 하나님께서 이스라엘을 멸망하시지는 않고 붙들어 주신다는 위로의 말씀이다.

이사야서에는 탄생, 죽음, 부활, 재림 등 그리스도의 일생이 묘사되어 있다. 따라서 이사야서를 이사야복음 또는 신약 사복음서 다음인 제5복음서라고도 불린다.

예수님을 고난의 종, 겸손의 종으로 묘사하고 있으며 여호와의 종 노래 4편이 있다.

히브리서 11장 믿음장에서 톱으로 켜는 죽임 이야기가 나오는데 바로 이사야 선지자가 므낫세 왕에 의해 톱으로 순교 당한 것으로 전해진다.

창세기 28장 18절

야곱이 아침에 일찍이 일어나 베게로 삼았던 돌을 가져다가 기둥으로 세우고 그 위에 기름을 붓고

3. 예레미야

1. 남 유다 포로기의 선지자
   새 언약을 약속(렘 31:31)
   70년 포로기간 예언
   ● 잡혀감 – 귀환
   ● 성전 파괴 – 성전 재건

2. 눈물의 선지자

3. 예레미야애가
   acronym(두음문자)
   1, 2, 4, 5장 22절
   3장 66절

예레미야는 남 유다가 멸망할 때 활동한 선지자다. 특히 예루살렘 성이 무너지는 광경을 보면서 애통해 하는 마음으로 예레미야애가를 기록하였다.

예레미야는 유다 백성이 포로로 잡혀가기는 하지만 70년 후에 귀환할 것을 예언하고 있다. 70년은 포로로 잡혀가면서부터 귀환할 때까지의 기간이기도 하지만, 예루살렘 성전이 파괴되고 다시 재건될 때까지의 기간이기도 하다.

눈물의 선지자 예레미야가 기록한 예레미야애가는 모두 5장인데 1, 2, 4장이 22절까지 이다. 히브리어 알파베트가 22자이니까 1절에서 22절까지 시작하는 문자가 히브리어 문자 알파벳의 순서로 기록되어 있다. 예레미야애가 3장은 66절까지 있는데 히브리어 알파벳이 3번씩 나온다. 5장은 22절까지 있지만 두음문자 표기가 아니다. 눈물이 너무 많이 흘러서 그렇게 기록하지 못했나 본다

이와같은 표기 법을 두음문자(acronym)라 하는데 특히 시편 119편은 히브리어 알파벳 한 글자가 8절씩 계속해서 활용된다.
그러니까 시편 119편은 모두 8x22해서 176절까지이다.

4. 에스겔

1. 경고와 소망
   속담, 환상, 비유,
   상징적 행동들, 우화

   멸망 전: 심판, 회개
   멸망 후: 위로, 구원

2. 메시아의 영광스런 모습 강조
   그룹 환상, 성전 환상,
   마른뼈 환상
   거룩한 강 환상
   새 성전 측량

3. 여호와 삼마
   여호와께서 거기 계신다.

에스겔 선지자는 남 유다가 멸망하기전에 침공한 바벨론에 의해 포로로 잡혀가서 바벨론에서 활약한 제사장 출신 선지자다.

바벨론에서 유다가 멸망하기 전에 심판과 회개를 외쳤지만 유다가 망하자 위로와 구원의 메시지를 선포한다. 따라서 에스겔서의 전반부는 유다가 멸망하기전 외침이고, 후반부는 유다 멸망후의 선포이다.

에스겔은 하나님의 임재 환상을 비롯한 환상, 속담, 비유, 상징적 행동들과 우화 등을 통하여 등 유대 동족들에게 경고와 소망을 주었다.

에스겔은 메시아의 영광스러운 모습을 강조하였다.
마른뼈들에 생기가 들어가서 큰 군대를 이룬다는 환상은 희망을 주는 메시지이다.

성전의 환상은 예수 그리스도를 통해 완성되는 신약교회의 모습이다.
성전에서 흘러나오는 거룩한 강물은 사랑과 은혜와 능력의 근본이 하나님이심을 말한다.

에스겔서에 나오는 무소부재의 하나님 이름이 여호와 삼마이다. 여호와께서 거기 계신다는 뜻으로 어디에나 계시는 하나님이시다.

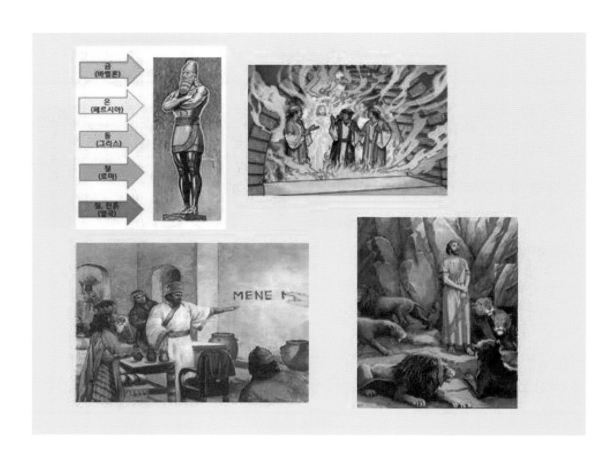

5. 다니엘

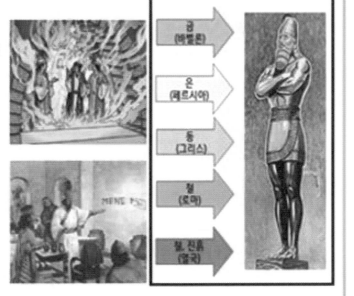

1. B.C. 605년 1차 포로
   다니엘의 꿈 해석
   느부갓네살왕의 꿈 속 신상

2. 다니엘과 세 친구

3. 벨사살 왕 잔치석상
   벽에 쓰여진 글씨
   (바벨론 멸망)

4. 다니엘의 하루 세번 기도
   → 다리오 왕 때 사자굴

5. 마지막 때 예언
   70이레
   한 때 두 때 반 때

다니엘은 바벨론에 의해 제일 먼저 잡혀간 포로 그룹에 속한다. 이 때 다니엘과 세 친구도 같이 잡혀갔다.

다니엘은 바벨론 느브갓네살 왕의 큰 신상 꿈을 해석해 주고 높은 자리에 올라 모든 지혜자의 어른이 된다.

다니엘의 세 친구는 왕의 명령을 듣지 않는다 하여 불 속에 넣어졌으나 한 명도 타지 않고 그대로 살아서 나온다.

다니엘은 또한 바벨론 마지막 왕 벨사살의 잔치석상에 나타난 손가락으로 벽에 쓰여진 글자를 해석해 주며 바벨론의 셋째 치리자가 된다.
메데의 다리오 왕 때는 하루에 세 번씩 기도하다가 사자 굴에 들어 가기도 하지만 하나님께서는 사자들의 입을 막아 다리오왕이 하나님을 찬양하게 만드신다.

다니엘의 마지막 때에 관한 예언인 70이레라는 기간과 한 때 두 때 반 때의 3년 반이라는 기간에 대해서는 종말론자들이 다양한 해석을 놓고 각자의 주장을 펼치고 있다

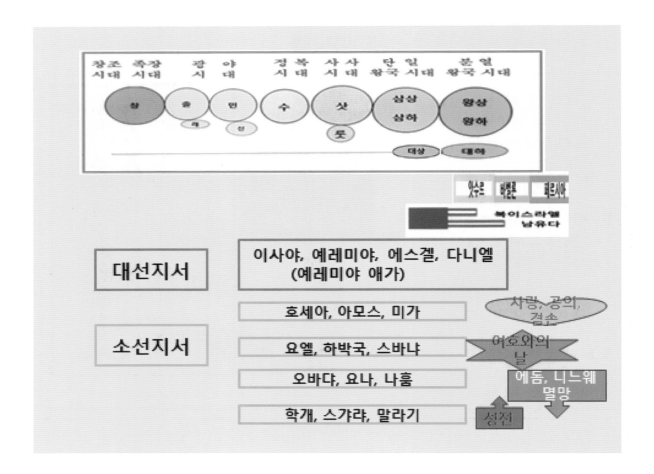

대선지서	이사야, 예레미야, 에스겔, 다니엘 (예레미야 애가)

소선지서	호세아, 아모스, 미가
	요엘, 하박국, 스바냐
	오바댜, 요나, 나훔
	학개, 스가랴, 말라기

6. 12 소선지서

호세아	사랑	힘써 여호와를 알자
요엘	소망	여호와의 날
아모스	의와 공평	하나님 만나기를 예비하라
오바댜	교만	에돔 심판
요나	순종	영혼을 아끼시는 하나님의 마음
미가	용서	공의, 사랑, 겸손으로 하나님과 동행
나훔	관계	앗수르 멸망
하박국	인내	의인은 믿음으로
스바냐	변화	역사를 통치하시는 하나님
학개	거룩	성전은 재건되어야 한다.
스가랴	믿음	메시야 왕국에 대한 비전
말라기	심판	나의 사자를 보내겠다

1. 호세아, 아모스, 미가

호세아, 아모스. 미가 선지자는 이사야 선지자와 같은 시대에 활동한 선지자다. 이사야는 궁중에서, 호세아는 북 이스라엘에서 활동하였으며 아모스는 목자로 뽕나무를 재배하다가 부름을 받았다. 한편 미기는 시골 출신이다.

호세아가 사랑을, 아모스가 정의를, 이사야가 겸손을 강조하였다면 미가는 정의, 사랑, 겸손 세가지가 여호와께서 구하시는 것이라고 종합한다.

2. 오바댜, 요나, 나훔

오바댜는 에돔의 멸망을 말씀하고 있고, 요나는 앗수르의 수도 니느웨에 가서 앗수르의 멸망을 선포하였다. 이 때는 회개하고 용서를 받았지만, 앗수르가 결국 멸망한다는 내용이 나훔 선지자의 말씀이다.

3. 요엘, 하박국, 스바냐

여호와의 날에 관한 말씀이다.

4. 학개, 스가랴, 말라기

포로 귀환 후 성전 재건을 독려하는 활동과 구약의 마지막 말씀이다.

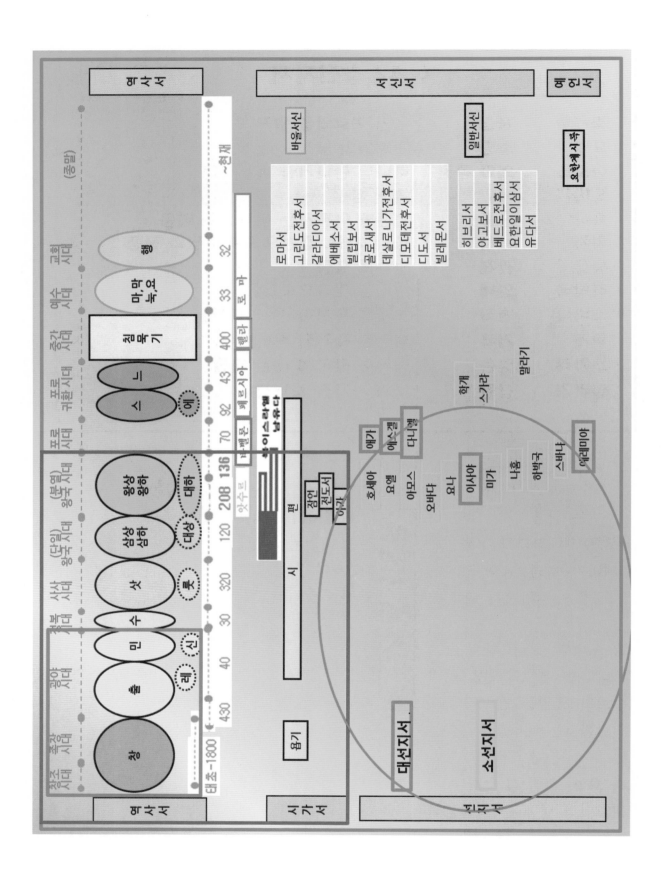

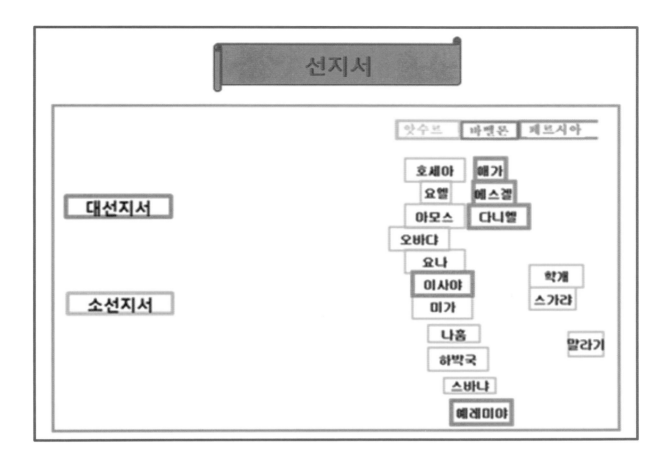

대선지서 5권은 북이스라엘과 남 유다가 멸망할 시기에 주도적인 세력이었던 주변 국가와맞물려 그릴 수 있다.

소선지서 중에서 에돔의 멸망을 예고한 오바댜서가 제일 먼저 기록되었다. 하나님께서 말씀하신 바가 역사적으로 이루어진다는 것을 확실히 보여주신 선지서다.

소선지서 중에서 6권은 북이스라엘의 멸망과 남 유다의 멸망시기에 회개하라는 외침이다. 그러나 회개하지 않다가 심판 받지만 마지막 날에는 건져주신다는 소망의 말씀이다.

요엘은 메뚜기 재앙으로인한 회개의 촉구, 하박국은 하나님과의 대화를 통해 하나님의 정의를 강조, 스바냐는 조직적으로 주의 날에 관한 예언을 하고 있다.

이들 예언서는 모두 가깝게는 주변 국가의 멸망을, 멀리는 주님의 재림시에 일어날 일들을 동시에 말하고 있다.

Part 2. 바이블 맥 잡기 6시간

I. 모세오경

II. 다윗 왕조

III. 선지서

IV. 포로귀환과 중간기

V. 사복음서

VI. 서신서와 요한계시록

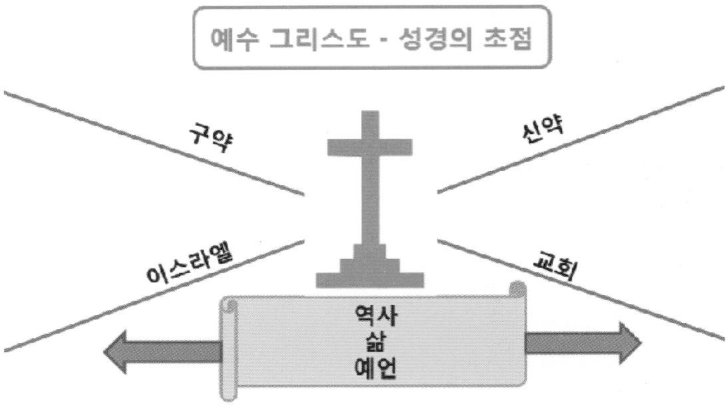

예수 그리스도 - 성경의 초점

구약

신약

이스라엘

교회

역사
삶
예언

Ⅳ. 포로귀환과 중간기

1. 스룹바벨(1차 귀환)

2. 에스더

3. 에스라(2차 귀환)

4. 느헤미야(3차 귀환)

5. 학개/스가랴/말라기

6. 400년 중간기

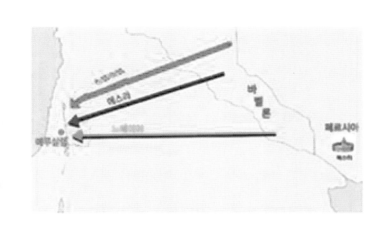

바벨론으로 잡혀간 유다 민족은 예레미야 선지자가 예언한 대로 70년 포로생활을 마치고 바사(페르시아) 고레스 왕의 명령에 따라 고국 땅으로 귀환하게 된다..

남 유다 민족이 3차례에 걸쳐서 포로로 잡혀간 것과 같이 귀환 때도 3차에 걸쳐 고국으로 돌아 온다.

1차 귀환의 인도자는 스룹바벨, 2차는 에스라 그리고 3차는 느헤미야이다.

성경에 기록된 이스라엘 역사는 역대기로 마감하지만, 연대기적 흐름으로 포로귀환 후 이야기가 역대하 다음에 에스라서와 느헤미야서에 나오며 페르시아 땅에서 활약한 에스더 이야기가 계속된다.

유대 전통은 에스라서와 느헤미야서가 한권으로 되어 있다. 에스라의 활동이 느헤미야서에도 계속 된다.

그 후 페르시아는 그리스에 정복 당하고 그리스는 로마에 의해 멸망한다.

당시 로마 속국인 유대 땅에서 예수님께서 탄생하신 것이다.

포로귀환

1. 1차 귀환 : 성전 재건(에스라 1-6장)
　지도자 : 스룹바벨
　바사(페르시아) 왕 고레스
　49,897명 귀환

　（ 에스더 ）

2. 2차 귀환 : 백성들의 개혁(에스라 7-10장)
　지도자 : 에스라
　아닥사스다 왕
　1,754명 + 여자, 어린이 5천명

3. 3차 귀환 : 성벽 재건(느헤미야 1-7장(성벽 재건), 8-13장(종교개혁))
　지도자 : 느헤미야
　아닥사스다 왕
　42,360명 귀환

1. 스룹바벨(1차 귀환)

앗수르	바벨론	페르시아	헬라	유대독립	로마
B.C. 900-612	612-536	536-332	332-167	167-63	63- A.D. 500

북 이스라엘
남 유다

1. 70년 포로 생활 마감
   1차 귀환 - 바사(페르시아)의 고레스 왕 명령
   스룹바벨, 학개, 스가랴

2. 스룹바벨 성전 건축
   B.C. 516년 제2성전 완공

3. 예수님 예표
   스룹바벨: 하나님의 종 ---→ 종의 신분으로 오신 예수님
   성전 건축 ---→ 참 성전 되시는 예수 그리스도

페르시아 고레스 왕의 귀환 명령에 따라 스룹바벨의 인도로 49,897명이 유다 땅으로 돌아 와서 하나님의 단을 재건하고 제사 제도를 회복한다.

스룹바벨은 유다 총독이 되어 먼저 하나님의 성전 재건을 하지만 사마리아인들의 방해로 성전 건축이 중단 된다.

이때 스룹바벨과 같이 유다로 귀환한 학개와 스가랴 선지자가 이들의 성전 재건을 독려한다.

성전이 16년만에 완공되어 이 성전을 스룹바벨 성전 또는 제2 성전이라 부른다.. 예루살렘 성전이 무너지고 70년만이다.

스룹바벨은 에수님의 표상이라고 본다.
하나님의 종으로 오신 예수님과 같이 스룹바벨이 하나님 성전을 건축하였는데 이는 마치 예수님께서 참 성전이 되심과 같은 맥락이다.

예수님께서 육신적으로 다윗의 혈통을 타고 나셨지만, 스룹바벨도 예수님의 족보에 이름이 있을 뿐 아니라(마 1:12) 또한 마리아의 족보(눅 3:27)에도 등장한다.

BC 490년 페르시아의 다리우스(Darius) 왕은 전함 600척, 보병 10만 명 및 기병 1만 명을 그리스 수도 아테네에서 동북으로 42.195㎞ 떨어져 있는 마라톤 평야에 포진하였다.

페르시아 대군이 침입하였다는 소식이 아테네에 전해지자, 그리스는 올림피아 경기의 경주 선수였던 페이디피데스(Pheidippides)를 스파르타에 사자로 보내 힘을 합쳐 페르시아 군을 물리치자고 요청했다. 그러나 원조를 요청 받은 스파르타는 종교상의 이유로 출전을 거부하였다. 그리스는 용감 무쌍한 밀티아데스(Miltiades) 장군 지휘하에 불과 1만의 장갑병으로 마라톤평원에 출병하여 10배가 넘는 적군을 궤멸하는 데 성공하였다. 이 싸움에서 패배함으로써 페르시아의 위신은 땅에 떨어졌고, 그리스는 도약의 발판을 마련했다. 이 날 아테네 시민들이 싸움의 결과를 학수고대하고 있을 때 일찍이 스파르타에 사자(使者)로 갔던 페이디피데스가 다시 전승 보고의 사자로서 수도를 향하여 쉬지 않고 42.195㎞를 달려가 많은 시민에게 둘러싸여 '우리가 승리하였다' 라는 한마디 말을 남기고 과도한 질주로 인해 숨을 거두었다고 한다.

출처 : 체육학대사전, 이태신, 2000. 2.

2.에스더

1. 아하수에로 왕
왕 3년 – 잔치 중에 왕후 와스디 폐위
그리스와 마라톤 전쟁 복수전
왕 7년 – 유다인 후궁 에스더 발탁

2. 하만과 모르드개
하만과 모르드개의 반목
죽으면 죽으리라
(에 4:16)
하만과 모르드개의 위치 바뀜

3. 부림절
모르드개는 제2인자가 됨
유다인 중용

에스더서는 성경에 느헤미야서 다음에 나오지만 역사의 흐름으로 보았을 때 에스라서의 전반부 스룹바벨 이야기와 후반부 에스라 이야기의 중간에 위치한다.

포로로 잡혀간 백성 중에 유다 땅으로 귀환하지 않고 페르시아에 남아있던 백성이 절반가량 된다고 본다.

그 중에서 에스더와 그의 사촌 모르드개가 유다 민족을 멸망할 운명에서 건져낸 이야기가 에스더서이다.

페르시아의 아하수에로 왕이 유다인 후궁 에스더를 왕후로 삼게 되는 과정으로 시작하는 에스더서는 왕의 신임 받는 고관 하만과 모르드개의 싸움으로 인한 하만의 계략으로 유다 민족이 멸족할 운명이다.
이에 죽으면 죽으리라는 심정으로 왕 앞에 나아가 하만의 계략을 물리치고 유다인들이 대신 중용하게 되고 모르드개가 제2인자가 된다는 이야기이다.

이때 유다인들을 죽이려 했던 날이 유대인들의 부림절이 되어 유대인들은 지금도 그날을 기념하고 있다.

A 노아(6:9)
　B 셈, 함, 야벳(6:10)
　　C 노아에게 방주를 만들라 하심(6:14-16)
　　　D 홍수로 다 죽일 것을 말씀하심(6:17)
　　　　E 노아와 언약(6:18-20)
　　　　　F 방주에 양식을 저축하라(6:21)
　　　　　　G 방주에 들어가라 명하심(7:1-3)
　　　　　　　H 7일 후에 홍수 임함을 말씀하심(7:4-5)
　　　　　　　　I 7일 후 홍수가 땅에 덮임(7:7-10)
　　　　　　　　　J 방주에 들어 감(7:13-15)
　　　　　　　　　　K 여호와께서 방주 문을 닫으시다(7:16)
　　　　　　　　　　　L 40일간의 홍수(7:17a)
　　　　　　　　　　　　M 물이 불어 남(7:17b-18)
　　　　　　　　　　　　　N 산들이 덮임(7:19-20)
　　　　　　　　　　　　　　O 150일간 물이 땅에 넘침(7:21-24)
　　　　　　　　　　　　　　　P 하나님께서 노아를 기억하심(8:1)
　　　　　　　　　　　　　　O' 150일후에 물이 줄어듦(8:3)
　　　　　　　　　　　　　N' 산들의 봉우리가 보임(8:4-5)
　　　　　　　　　　　　M' 물이 빠짐(8:5)
　　　　　　　　　　　L 40일 만에(8:6a)
　　　　　　　　　　K' 노아가 방주 창문을 열다(8:6b)
　　　　　　　　　J' 까마귀와 비둘기가 방주를 떠남(8:7-9)
　　　　　　　　I 7일간 물이 빠지기를 기다림(8:10-11)
　　　　　　　H' 또 7일간 물이 걷히기를 기다림(8:12-13)
　　　　　　G' 방주에서 나오라고 명하심(8:15-17)
　　　　　F' 방주 밖에서 양식을 주심(9:1-4)
　　　　E' 모든 생물과 언약을 맺음(9:8-10)
　　　D' 앞으로는 홍수가 없을 것이라고 무지개를 증거로 주심(9:11-17)
　　C' 방주에서 나온 노아 가족(9:18a)
　B' 셈, 함, 야벳(9:18b)
A' 노아(9:19)

3. 에스라(2차 귀환)

3.1 에스라
제사장
율법 학사

3.2 에스라의 회개 기도
금식과 헌물로 준비
율법을 가르침
회개 촉구
이방 아내와 그 소생을 내쫓음
이방 여자와 결혼한 남자들 명단

제사장이며 율법학자인 에스라가 유다 민족 5천명 정도로 이끌고 2차로 귀환한다. 남자는 1,754명이고 나머지는 여자와 어린이들이다.

제2의 모세라 칭하는 에스라는 백성들의 회개를 촉구하며 율법을 가르친 개혁자의 모델이다.

성전 재건 이후 50여년이 흘렀지만 철저한 회개도 온전한 예배도 회복되지 않았다.

유다 백성이 귀환할 당시 여성의 수가 많이 부족했기 때문에 유단인들은 자연히 이방 여인들을 아내로 맞이하고 자식을 낳게 되었다. 유다를 망하게 했던 이방 우상 섬김을 제거해야 했다.
이에 에스라는 이방인들의 소생을 내쫓았을 뿐 아니라 이방 여자와 결혼한 남자들의 명단도 성경에 일일이 기록하고 있다.

에스라가 성경 말씀을 읽을 때에 백성들이 전부 일어섰다는 기록에 의해 예배 시간 중 성경봉독 시간에는 전 회중이 일어서는 교회도 있다.

4. 느헤미야(3차 귀환)

4.1 느헤미야
예루살렘을 두고 기도함
왕의 술 관원

4.2 예루살렘 성벽 중수
방해를 물리침
52일 만에 성벽 공사 끝냄
느헤미야의 지도력 - 성경적 리더십

4.3 에스라의 언약 갱신
율법책 낭독
백성들이 죄를 자복

페르시아 아닥사스다 왕의 술관원으로 높은 지위에 있었지만, 고국 예루살렘을 두고 기도하던 느헤미야는 예루살렘 성 중건의 사명을 갖고 드디어 귀환 길에 오른다.

제3차 귀환으로 43,360명을 인솔하였다.
유다 백성들이 3차에 걸쳐 포로로 잡혀갔는데 귀환 행렬도 역시 3차에 걸쳐 진행되었다.
느헤미야의 예루살렘 성벽 중수도 만만치가 않았다. 방해 공작이 계속된 것이다. 심지어는 느헤미야가 총독의 자리에 있지만 종국에는 페르시아를 배반하고 독립할 것이라는 모함까지 받았다. 하지만 이런 어려움을 모두 물리치고 느헤미야는 52일 만에 성벽 공사를 마무리 한다.

기도의 사람이요 사전 준비가 철저했고 음모를 물릴 치는 판단력 등 비전, 인격, 영성, 실력 모두를 두루 갖춘 느헤미야의 리더십은 성경적 리더십의 모델로 많이 제시되고 있다.

지도자로서 청빈 생활의 모범을 보인 느헤미야는 성벽 봉헌 후 에스라와 함께 종교 개혁을 한다. 백성들로 하여금 죄를 자복하게 만들었다

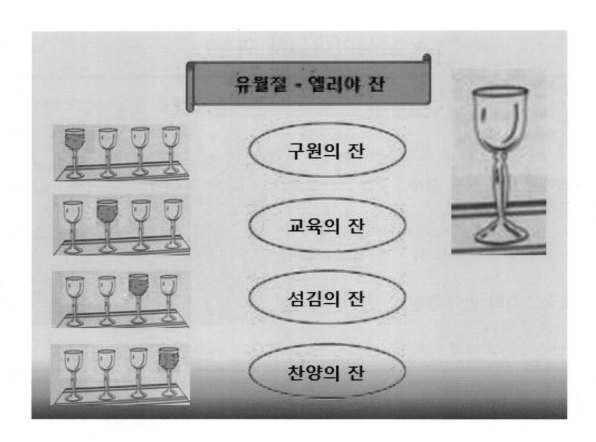

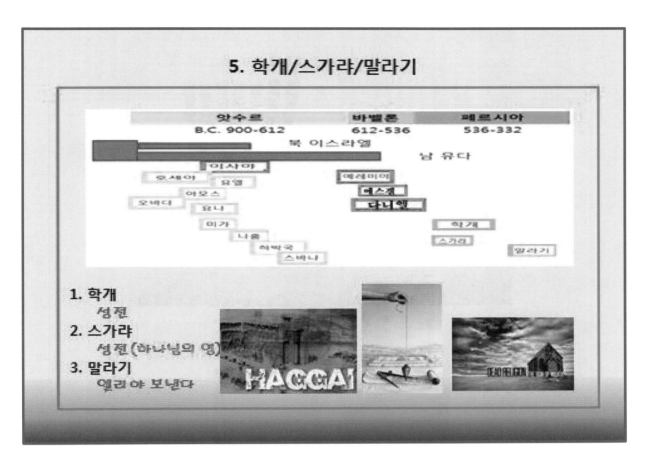

소선지서를 기록한 학개, 스가야, 말라기 선지자는 포로 귀환 후 활동하였다.

학개와 스가랴 선지자는 성전 건축 독려에만 경주 하였다.
스가랴 선지자는 8개의 환상을 통하여 메시야 왕국에 대한 비전을 보여준다.
또한 성전 건축이 힘이나 능으로 되는 것이 아니라 오직 여호와의 영, 즉 성령님
의 도우심으로 만 됨을 강조 하였다.

말라기 선지자는 모세의 율법을 기억하라며 외친다. 성전도 건축하고 성벽도 중수
하였는데도 불구하고 눈에 띄게 하나님의 도우심이 나타나지 아니하자 또 다시
유다 백성들이 실의에 빠지게 된다.

하지만 하나님께서는 말라기 선지자를 통하여 나의 사자 엘리야를 보내겠다는 말
씀을 하신다..

유대 민족은 아직도 엘리야를 기다리고 있다. 유월절 식사 때에는 엘리야 잔을 준
비하고 엘리야가 와서 같이 마시기를 기다리고 있다.

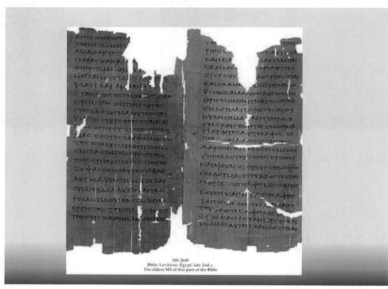

6. 400년 중간기

6.1 구약과 신약 사이

6.2 알렉산더 대왕
바사의 멸망(B.C. 332)
헬라 문화 전파

6.3 헤스모니안 왕조
유다의 독립(B.C. 167)
수절절, 메노라

6.4 로마 시대
B.C. 63년, 헤롯 성전

6.5 세계의 철학자
그리스의 3대 철학자
석가모니, 공자, 맹자

유대 역사는 구약 마지막 책인 말라기에서 신약의 예수님 이야기가 나오기까지 400년에 걸친 중간기를 갖는다.
이 기간에 페르시아는 헬라(그리스)에 멸망하지만 그리스의 알렉산더 대왕 사후에 그리스가 다스리던 지역은 네 명의 왕에게 분할 된다.

유대 지역을 다스리던 왕조가 성전에서 유대인들이 싫어하는 돼지를 잡는 등 성전을 너무 더럽게 하자 당시 제사장의 아들들인 마카비 형제가 유대독립에 성공하였다. 마카비 형제가 세운 헤스모니안 왕조는 약 100년간 지속되다가 로마에 멸망한다.
로마에 의해 유다 지역 왕으로 임명된 헤롯은 이두메 출신으로 정통 유대인이 아니었기 때문에 유대인들의 호응을 받기 위하여 성전을 세운다. 이것이 헷롯 성전으로 예수님 당시에도 건축이 지속된 거대한 헤롯 성전이다.

헤롯 성전은 기원 후 70년 예루살렘이 무너지면서 서쪽 벽만 남기고 돌 위에 돌 하나 남기지 않고 다 무너져 버린다.
이 중간기 시대에 그리스의 3대 철인을 비롯하여 동서양의 세계적인 철학자들이 출현한다.

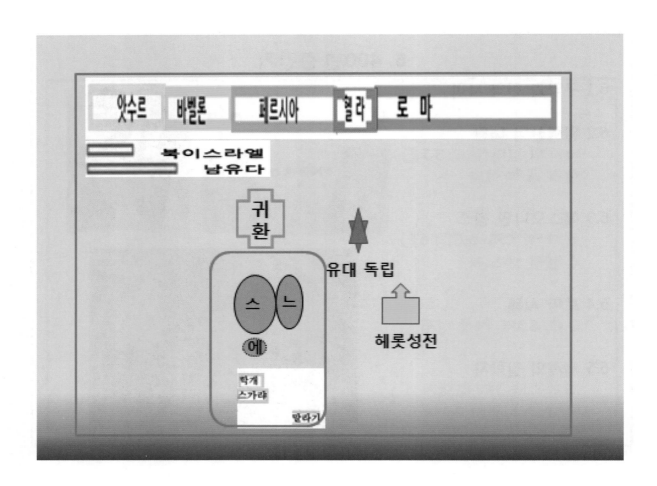

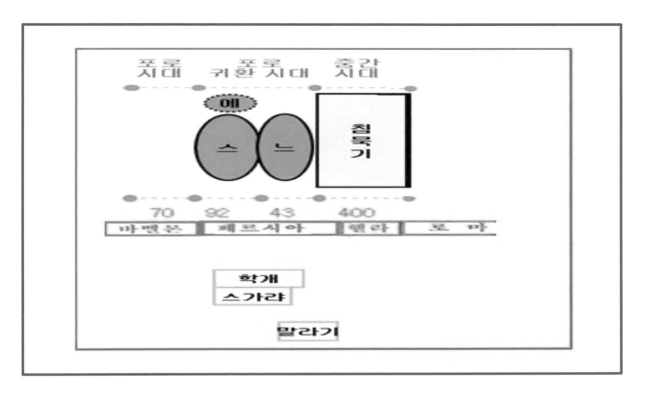

페르시아의 고레스 왕에 의해 유다 땅으로 귀환 유다 백성들은 성전 재건을 한 스룹바벨이 1차 귀환 부대이며, 종교 개혁을 한 에스라가 2차 귀환을 인도하였다. 그리고 3치 귀환은 성벽 재건을 한 느헤미야에 의해 이루어졌다.

에스더서는 스룹바벨과 에스라의 귀환 사이에 해당 하는 시기에 페르시아 수도 수산궁에서 일어난 이야기이다.

에스더가 페르시아 왕의 왕비가 되고 모르드개가 제2인자가 되어 유대인들을 중요하였기 때문에 느헤미야와 같이 유능한 유다인 인재들이 등용되었다.

이 시대에 기록된 선지서는 학개, 스가랴, 말라기서인데 학개와 스가랴 선지자는 스룹바벨과 같이 1차 귀환 시에 돌아와서는 성전 재건이 지연되자 이들을 독려하여 성전이 재건되게 하였다.

말라기서는 구약 마지막 책으로 유다 백성들이 십일조도 철저히 드리지 못하는 등 하나님께 제대로 된 예배를 드리지 않는 것에 대한 책망이지만 그래도 회복 시켜주려고 엘리야를 보낼 것이니 마음을 하나님께 돌이키라는 경고의 말씀으로 끝을 맺는다.

Part 2. 바이블 맥 잡기 6시간

I. 모세오경

II. 다윗 왕조

III. 선지서

IV. 포로귀환과 중간기

V. 사복음서

VI. 서신서와 요한계시록

예수 그리스도 - 성경의 초점

구약

신약

이스라엘

교회

역사
삶
예언

V. 사복음서

1. **예수님 생애와 구약의 성취**

2. 예수님의 탄생과 어린 시절

3. **예수님의 공생애 시작**

4. 예수님의 사역

5. **부활에서 승천까지**

6. 사복음서 비교

마가복음

선지자
(종)

요한복음

하나님

마태복음

왕

누가복음

제사장
(인간)

마태, 마가, 누가, 요한이 기록한 4권의 복음서를 사복음서라 부르며 각각의 책을 기록자의 이름을 따라 부른다.

사복음서 중에서 마가복음이 제일 먼저 기록된 것으로 본다. 마가복음의 기록 중 95%의 내용이 마태복음과 누가복음에 나온다. 따라서 마태나 누가가 마가복음을 참조하였다고 본다.
사복음서에는 예수님의 탄생에서부터 부활하신 사건까지가 기록되어 있다

마태복음은 예수님을 유대인의 왕으로 묘사한다. 유대인들이 가장 존경하는 아브라함과 다윗 왕의 계보를 따라 예수님이 오신 것을 강조한다.

마가복음은 예수님을 선지자 즉 하나님의 종으로 묘사한다. 종은 족보가 없다.

누가복음은 예수님을 제사장 즉 인간으로 묘사한다. 사마리아 지방을 지나시면서 하신 예수님의 많은 비유가 누가복음에 있다.

요한복음은 하나님께서 인간의 몸을 입고 이 땅에 오신 예수님을 묘사한다.
예수님 자신이 하나님이심을 몇 차례나 강조하셨다.

1. 베들레헴에서 출생 .... 미가서 5:2

베들레헴 에브라다야 너는 유다 족속 중에 작을지라도 이스라엘을 다스릴 자가 네게서 내게로 나올 것이라 그의 근본은 상고에, 영원에 있느니라

2. 동정녀에게서 태어남................. 이사야 7:14

그러므로 주께서 친히 징조를 너희에게 주실 것이라 보라 처녀가 잉태하여 아들을 낳을 것이요 그의 이름을 임마누엘이라 하리라

3. 다윗의 혈통을 타고남................ 예레미야 23:5

여호와의 말씀이니라 보라 때가 이르리니 내가 다윗에게 한 의로운 가지를 일으킬 것이라 그가 왕이 되어 지혜롭게 다스리며 세상에서 정의와 공의를 행할 것이며

8. 옷을 제비 뽑아 나눔.................. 시편 22:18

내 겉옷을 나누며 속옷을 제비 뽑나이다

10. 부자의 무덤에 묻히심.............. 이사야 53:9

그는 강포를 행하지 아니하였고 그의 입에 거짓이 없었으나 그의 무덤이 악인들과 함께 있었으며 그가 죽은 후에 부자와 함께 있었도다

11. 3일만에 부활하심..................... 호세아 6:2

여호와께서 이틀 후에 우리를 살리시며 셋째 날에 우리를 일으키시리니 우리가 그의 앞에서 살리라

1. 예수님의 생애와 구약의 성취

예언 B.C. 1000 - 500		성 취
1. 베들레헴에서 출생	미가서 5:2	마태복음 2:1
2. 동정녀에게서 태어남...............	이사야 7:14	마태복음 1:18-23
3. 다윗의 혈통을 타고남...............	예레미야 23:5	마태복음 1:1-17
4. 헤롯의 살해 명령...............	예레미야 31:15	마태복음 2:16-18
5. 한 친구의 배반...............	시편 41:9	요한복음 13:18,19,26
6. 은 30냥에 팔리심...............	스가랴 11:12	마태복음 26:14-16
7. 십자가에서 찔리심...............	스가랴 12:10	요한복음 19:16-18,37
8. 옷을 제비 뽑아 나눔...............	시편 22:18	마태복음 27:35
9. 뼈 하나도 상하지 않음...............	시편 34:20	요한복음 19:31-36
10. 부자의 무덤에 묻히심...............	이사야 53:9	마태복음 27:57-60
11. 3일만에 부활하심...............	호세아 6:2	사도행전 10:38-40

구약은 오실 예수님을 말씀하고 신약은 오신 예수님을 말씀한다.

성경의 모든 말씀이 예수님에 대하여 증거하신 말씀이라고 예수님께서도 강조하신다.

특히 이사야서에서는 예수님의 동정녀 탄생에서부터 우리를 대신하여 돌아가심과 부활하실 것을 예언하고 있다.

미가서에서는 예수님께서 베들레헴에서 탄생하실 것이라고 탄생 도시까지 예언하고 있는데, 당시에 도시가 세계적으로 십만 개 있었다는 가정하에서 이 예언이 맞을 확률은 십 만분의 일이다.

또한 예수님께서 은 30냥에 팔릴 것이라는 예언은 확률상 10억분의 일이라고 본다.
이 두 예언이 맞을 확률은 백조 분의 일이지만 다른 예언을 몇 개 더 감안 한다면 확률은 10의 몇 백승 분의 일이 되어 우리의 상상을 초월하는 경우의 확률이 된다.

구약에서 예수님에 관한 예언은 300가지가 넘는데 이 모든 예언이 들어 맞을 수 있으려면 오직 하나님께서만 하실 수 있다.

2. 예수님의 탄생과 어린 시절

2.1 베들레헴 탄생
나사렛에서 호적 하러 고향으로
유대인의 왕 동방박사들 방문

2.2 애굽 피난
헤롯 왕의 유아 살인
이집트 나일강 상류까지
나사렛으로 돌아 옴

2.3 예루살렘 방문
12살때 성년식

예수의 탄생 및 어린시절

나사렛이란 동네와 와서 사니 이는 선지자로 하신 말씀에
나사렛 사람이라 칭하리라 하심을 이루려함이리라(마2:23)

12살때 유월절을 지키기 위해
예루살렘에 갔다음
애굽으로 피난
애굽에서 나사렛으로 돌아옴

요셉이 일어나 아기와 그 모친을 데리고
이스라엘 땅으로 들어오니라(마 2:21)

갈릴리
나사렛
요르단강
성전에서 주께 드림
지중해
예루살렘
베들레헴
탄생
사해
유아 학살
유대
애굽
애굽 피난
가자

나사렛에서 살던 요셉은 정혼한 마리아와 함께 고향 예루살렘으로 호적 하러 올라갔는데 그곳에서 예수님께서 탄생하신다.

유대인의 왕으로 탄생하신 아기 예수님을 경배하려고 동방에서 박사들이 찾아온 사실 때문에 왕의 자리에 위협을 느낀 헤롯 왕은 2살 이하의 남아들을 살해한다.

애굽 나일강 상류까지 피난을 간 아기 예수 가족은 머무는 곳곳마다 기적을 일으키셨는데 지금도 피난 길을 기념하는 성당이나 나무들이 성지로 불리고 있다.

아기 예수 가족이 그렇게 먼 길까지 피난을 갈 수 있었던 것은 동방박사들이 가져온 황금과 유향과 몰약을 팔아서 쓸 수 있었다고 본다.
어느 성지에 12제자의 이름이 붙여진 12그루의 나무 중 가롯 유다의 이름이 붙은 나무만 유독 말랐다고 한다.

헤롯 왕의 사망 소식에 나사렛으로 돌아 온 아기 예수님 가족은 요셉의 직업인 목수일을 계속한다.

요셉은 목수일이 좀 서툴렀지만 예수님께서는 기적적으로 의자 다리의 균형을 잡거나 식탁의 길이를 고객의 주문대로 맞추어 주셨다고 전해진다.

공생애 초기 사역

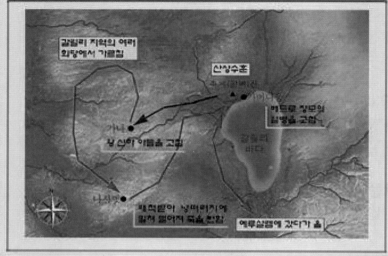

3. 예수님의 공생애 시작

3.1 공생애 준비
세례를 받으심

40일 금식

사탄의 시험 3가지
- 돌이 떡으로 : 육신의 정욕 : 먹음직
- 성전 꼭대기 : 안목의 정욕 : 보암직
- 절하면 천하만국 : 이생의 자랑 : 지혜

3.2 공생애 초기 사역
가나 혼인 잔치 - 물이 포도주 됨

니고데모에게 중생을 가르침

사마리아 여인과 영생에 대해 이야기

네 명의 제자 선택

베드로의 장모 열병 고침

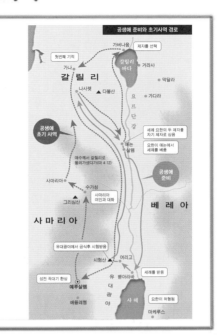

예수님은 30세쯤되셔서 세례 요한에게 세례를 받으시고 40일간 금식하심으로 공생애를 시작하신다.

금식 후 3가지 사탄의 시험을 예수님께서는 말씀으로 물리치신다. 사탄의 시험은 에덴동산에서 아담과 하와를 유혹했던 시험과 같은 맥락으로 육신의 정욕, 안목의 정욕, 이생의 자랑을 건드린 것이다.

공생애 첫 사역은 포도주가 떨어진 혼인 잔치에서 물이 포도주로 변하는 기적이었다. 우리도 이세상 끝날에 천국에서 열리는 혼인 잔치에 참여한다.

밤중에 몰래 찾아 온 니고데모에게 중생을 가르치시고 대낮에 만난 사마리아 여인에게 영생에 대하여 이야기 하신다. 밤과 낮, 남자와 여자의 절묘한 대비를 볼수 있다.

초기는 주로 갈릴리 지역에서의 사역인데, 베드로 장모의 열병을 고쳐 주셔서 서양 사람들이 베드로를 별로 좋아하지 않는다고도 한다. 왜냐하면 서양 사람들은 일반적으로 장모와의 사이가 좋지 않기 때문이다.

4. 예수님의 사역

4.1 갈릴리 사역
가르치시고, 전파하시며, 고치심
12사도 선택
산상 설교 - 8복
천국 비유
세례 요한 죽음
5병2어 기적

4.2 유대와 베뢰아 사역
각 성 각 마을로 다니심
사마리아를 통해 예루살렘으로

4.3 예루살렘에서의 마지막 주간
유월절 식사, 제자들 발 씻기심
예수님의 잡히심과 베드로의 3번 부인

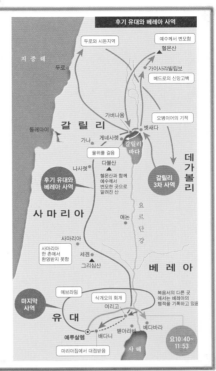

예수님의 사역은 가르치시고, 전파하시고, 고치신 3가지 사역으로 요약 된다. 세례 요한이 잡히기 전까지 2년 동안은 주로 갈릴리 지역에서 사역하신다. 마태복음에 산상수훈을 비롯하여 예수님의 설교 5편이 기록되어 있는데, 이는 마태가 구약에 정통한 유대인들을 위하여 모세오경을 본떠서 구성한 것이라 본다.

회개하라고 외치던 세례 요한이 잡혀 죽자 예수님께서는 유대와 베뢰아 지역을 다니시면서 사역하신다. 마지막 사역을 위해 사마리아 지역을 통과하여 예루살렘으로 향하신다.
그 동안 예수님께서는 유월절 마다 유대인의 전통에 따라 예루살렘에 올라가셨기 때문에 예수님의 공생애 기간을 삼 년 반으로 계산한다.

예루살렘에서 마지막 주간을 보내시면서 서로 사랑하라는 새 언약을 주신다. 마지막 날 저녁 제자들과 함께한 유월절 식사를 통하여 예수님 스스로 유월절 양이 되심과 동시에 대제사장이 되심을 보여주신다.
잡히시고 십자가형을 받으시면서 다 이루었다는 말씀으로 사역을 마무리 하신다.
그러나 예수님의 사역은 지금도 계속되고 있다.

5. 부활에서 승천까지

5.1 예루살렘
안식 후 첫날(주의 날)
막달라 마리아에게 나타나심
엠마오로 가는 두 제자
열 제자에게 나타나심
도마와 다른 제자에게도

5.2 갈릴리
산에서 11제자에게 나타나심
갈릴리 바다 물고기 153마리
베드로의 회복

5.3 감람산
부활 40일 후 승천
승천하시는 모습으로 재림을 약속

안식 후 첫날 예수님께서는 무덤에서 사망 권세를 물리치시고 부활하신다.
이 부활을 기념하기 위하여 기독교에서는 토요일 안식일 다음날인 일요일을 주의 날 즉 주일로 지키고 있다.

부활하신 후 제자들에게 나타나셨지만 그 자리에 없었던 도마는 선뜻 믿지 못한다. 의심 많은 도마가 복음을 전파하였기에 인도의 복음화율이 저조하다고 본다.

갈릴리 지역에서 11제자에게 다시 나타나셨지만 그래도 의심하는 제자가 있었다고 한다.

고향으로 돌아와 다시 어부 생활을 하던 베드로가 밤새도록 고기를 잡지 못하자 예수님께서는 물고기 153마리를 잡을 수 있도록 부활 후에도 기적을 베푸신다.

부활 후 40일 동안 지상 사역을 마무리하신 후 예수님께서 제자들이 쳐다보는 가운데 하늘로 올라가신다.

40이란 숫자는 새로운 사역으로 들어가는데 필요한 기간이다.

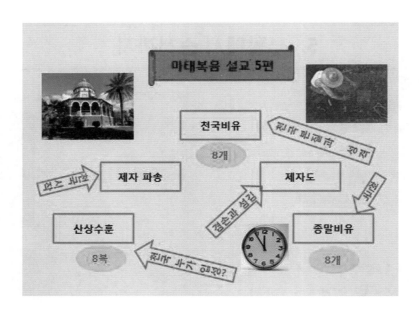

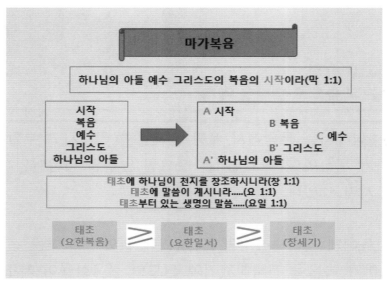

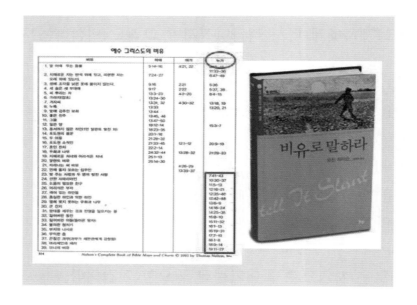

6. 사복음서 비교

	마태복음	마가복음	누가복음	요한복음
독자	유대인	로마인	헬라인	모든 민족
예수님 모습 (겔 1장, 계 4장)	왕 / 사자	선지자(종) / 황소	제사장(사람) / 사람	하나님 / 독수리
주요 내용	예수님 설교	기적	비유	교리
강조점	-------------- 예수님의 인성 ---------------			예수님의 신성
사역 장소	-------------- 갈릴리 지역 ---------------			유대, 예루살렘

마태, 마가, 누가 복음이 예수님의 인성을 강조한 반면에, 요한복음은 예수님의 신성을 강조한다. 사복음서 중에서 마태, 마가, 누가 복음을 공관복음이라 부른다.

마태복음은 구약에 정통한 유대인들을 대상으로 기록하였기 때문에 구약을 많이 인용하며, 구약의 예언이 이루어진 점을 강조한다.

마가복음은 기독교인이 된 로마인들을 대상으로 예수님의 사역을 기록하였다. 베드로로부터 들은 이야기를 기록하였다고 하여 베드로복음이라고도 한다.

누가복음은 헬라인들을 대상으로 기록하였기 때문에 유대 문화에 대한 상세한 설명이 있다. 예수님의 비유 이야기가 다른 복음에 비하여 많이 기록되어 있다.

요한복음은 예수님을 믿는 모든 민족을 대상으로 한 교리서라 할 수 있다. 저 높은 하늘에 계신 하나님께서 인간을 구원하시려고 눈 높이를 낮추시고 성육신 하신 것이다.

사복음서는 에스겔서나 요한계시록의 사자, 황소, 사람, 독수리의 모습에 비유되기도 한다.

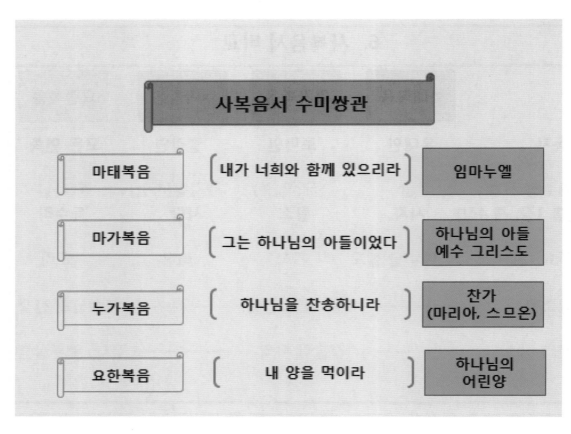

사복음서 수미쌍관

마태복음	내가 너희와 함께 있으리라	임마누엘
마가복음	그는 하나님의 아들이었다	하나님의 아들 예수 그리스도
누가복음	하나님을 찬송하니라	찬가 (마리아, 스므온)
요한복음	내 양을 먹이라	하나님의 어린양

예수님의 자기 선언

나는 _____ 이다.

생명의 떡	------------	**5천명을 먹이심**
세상의 빛	------------	소경 치료
양의 문	------------	**풍랑을 잠잠케하심**
선한 목자	------------	십자가에 죽으심
부활, 생명	------------	**죽은 나사로 살리심**
길, 진리, 생명	-------	죄인 회개, 병든 자 치유
포도나무	------------	**물이 포도주로 변함**

호렙 산에 있던 모세가 불이 붙었으나 타지 않는 떨기나무 앞에서 하나님을 만났을 때, 하나님께서는 자신을 스스로 있는자라고 하셨다.

예수님께서도 '나는 __ 이다'라고 자신이 어떠한 분이시라는 것을 요한복음에서 25번 말씀하신다.

요한복음에 예수님의 기적이 7번 나온다.
물을 포도주로 만드심, 왕의 신하의 아들을 고치심, 38년된 병자를 고치심, 5천명을 먹이심, 물 위를 걸으심, 소경을 고치심, 죽은 나사로를 살리심의 7가지 기적이다.

이러한 7가지 숫자와 보조를 맞추기 위해 예수님의 자기 선언 중 생명의 떡, 세상의 빛, 양의 문, 선한 목자, 부활이요 생명, 길과 진리와 생명, 포도나무의 7가지가 일반적으로 인용되고 있다.

예수님의 자기 선언은 창조주이시며 만물을 주관하신다는 것을 보여주신다. 자기 선언에 맞는 기적을 행하심으로, 요한복음을 읽는 독자들로 하여금 예수님께서 바로 그리스도시며 하나님의 아들이심을 증거하고 믿도록 하기 위함이다.

Part 2. 바이블 맥 잡기 6시간

I. 모세오경

II. 다윗 왕조

III. 선지서

IV. 포로귀환과 중간기

V. 사복음서

VI. 서신서와 요한계시록

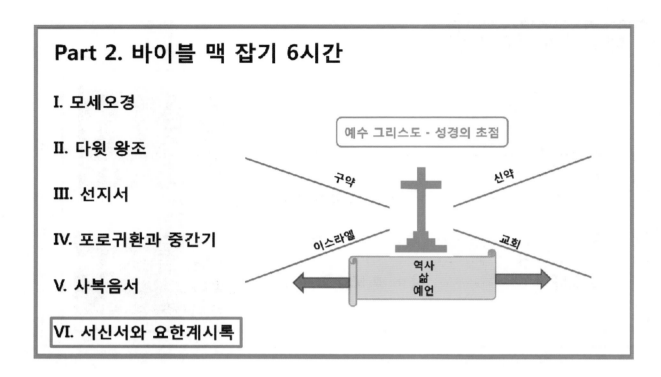

예수 그리스도 · 성경의 초점

구약

신약

이스라엘

교회

역사
삶
예언

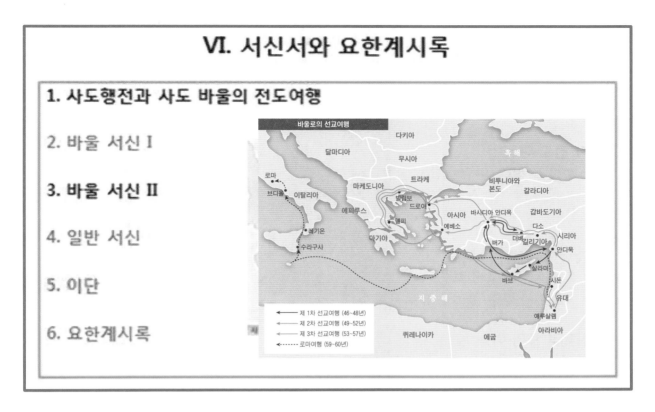

VI. 서신서와 요한계시록

1. 사도행전과 사도 바울의 전도여행

2. 바울 서신 I

3. 바울 서신 II

4. 일반 서신

5. 이단

6. 요한계시록

서신서는 바울서신과 일반서신으로 크게 구별된다.

바울서신은 사도 바울의 3차에 걸친 전도 여행에 따른 편지들이며 이는 사도행전에 나오는 사도 바울의 여정과 맥을 같이한다.

사도 바울이 로마 감옥에 갇힌 상황에서도 예수님을 전파하는 것으로 사도행전이 끝나지만, 그 후 감옥에서 풀려 나온 사도 바울은 또 다시 전도 여행을 하다가 2차로 로마 감옥에 갇혀 있다가 네로 황제에 의하여 참수형을 당한다.

요한계시록에 7교회에 보내는 편지가 있는 것처럼 사도 바울도 7교회에 9통의 편지를 보낸다. 또한 목회 서신 3편과 죄인 오네시모를 용서해 주라고 부탁하는 빌레몬서가 있다.

일반서신은 기록자 미상의 히브리서를 비롯하여 사도 베드로와 사도 요한의 편지가 있고, 예수님의 육신의 동생인 야고보와 유다의 편지가 포함된다.

일반 서신의 주된 내용은 이단을 경계하고 믿음을 지키라는 권고이다.
그리고 다실 오실 예수님을 기다리자는 요한계시록 말씀으로 신약이 마무리 된다.

1차 전도 여행
- 안디옥에서 바나바와 바울을 선교 파견
- 마가 요한이 도중 하차
- 표적과 기사를 행함(앉은뱅이 치유 등)

2차 전도 여행
- 바울은 실라, 바나바는 마가로 갈라짐
- 드로아에서 마게도냐로 가라는 환상을 봄
- 디모데, 루디아, 브리스길라와 아굴라 만남

3차 전도 여행
- 두란노에서 2년 강론
- 3층에서 졸다 떨어진 유두고를 살림

재판 및 로마 이송
- 베스도 총독이 2년간 가이사랴에 구류
- 로마 가는 해상에서 유라굴로 광풍 만남
- 로마에서 2년 셋집에 머물며 하나님 나라 전파

1. 사도행전과 사도 바울의 전도여행

사도행전은 성령님의 인도하심으로 예루살렘과 온 유대와 사마리아와 땅 끝까지 예수님의 복음이 어떻게 전파되고 있는가를 말하고 있다.

사도행전의 전반부에는 오순절에 성령님께서 임하신 상황과 사도 베드로의 설교가 5편 있고, 첫 순교자 스데반 집사의 설교 및 순교 장면이 기록되어 있다.

이어서 등장한 사울은 예수 믿는 사람들을 박해하려고 다메섹으로 가던 도중에 예수님을 만나는 사건을 통하여 극적으로 회심한다. 그 후 3년간을 아라바에서 보내고 고향으로 돌아와 10년을 지낸다.

안디옥 교회의 지도자 바나바의 초청으로 고향을 떠난 사울은 안디옥 교회의 파송을 받고 바나바와 함께 갈라디아 지방으로 1차 전도 여행을 한다.

2차 전도여행은 바울이 실라와 고린도 지역으로, 바나바는 조카 마가를 데리고 구브로로 향한다.

3차 전도 여행을 마친 사도 바울은 예루살렘으로 올라가서 잡힌 후 재판을 받으러 로마로 이송된다.

바울 서신

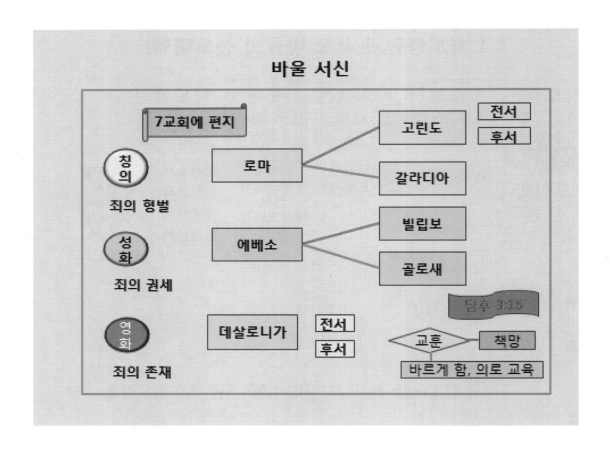

7교회에 편지

칭의 — 죄의 형벌

성화 — 죄의 권세

영화 — 죄의 존재

로마 → 고린도 (전서 / 후서)
로마 → 갈라디아

에베소 → 빌립보
에베소 → 골로새

데살로니가 (전서 / 후서)

딤후 3:16

교훈 → 책망
교훈 → 바르게 함, 의로 교육

2. 바울 서신 I

2.1 로마서 : 복음은 구원을 위한 하나님의 능력
이신칭의 (以信稱義)

2.2 고린도전서 : 교회의 문제에 대한 바울의 대답(분당, 예언과 방언, 성만찬)
2.3 고린도후서 : 바울의 사도직 정당성

2.4 갈라디아서 : 자유의 대헌장, 복음으로 누리는 자유

2.5 에베소서 : 교회론, 신령한 복
2.6 빌립보서 : 그리스도인의 기쁨
2.7 골로새서 : 머리되신 예수님

2.8 데살로니가전서 : 구원 받은 자의 회상과 재림의 긴박성
2.9 데살로니가후서 : 재림

사도 바울이 7교회에 보낸 서신들의 기록 순서는 성경의 순서와 같지 않다.
성경에 바울 서신 중 제일 앞에 나오는 로마서는 3차 전도 여행 중에 기록된 말씀으로 보며 구원의 복음을 논리 정연하게 증거하고 있다.
이어서 고린도교회에 보낸 편지는 복음의 말씀대로 살지 못하는 고린도 교회를 향한 책망의 말씀이다. 책망 다음에 갈라디아 교회에 보낸 편지는 복음으로 누리는 자유를 강조한 자유의 대헌장이다.

이와 같이 로마서, 교린도전후서, 갈라디아서 순서는 죄의 형벌에서 벗어나는 칭의 교리에 관한 내용을 교훈과 책망과 바르게함이라는 성경 말씀의 순서대로 우리에게 제시된 것이다.

성화에 대한 교리로, 에베소서는 교회론에 대한 복된 말씀이고, 빌립보서는 교회 공동체 안에 있는 그리스도인들이 기쁨을 누리지 못하는 것에 대한 책망이다. 따라서 우리는 머리 되신 예수님 만 바라보고 살아야 된다는 말씀이 골로새서이다.

영화는 죄의 존재 자체가 없는 천국에 들어 갈 때 변화되는 성화의 완성이다.
따라서 데살로니가 교회에 보내는 편지에서는 재림을 강조하고 있으며, 책망과 바르게 함이 필요 없는 순간이다.

에베소서

† 그리스도 안에서 우리가 누리는 복(엡 1:3-14)
  선택(엡 1:3-6) : 성부의 사역
  구속(엡 1:7-12) : 성자의 사역
  보호(엡 1:13-14) : 성령의 사역

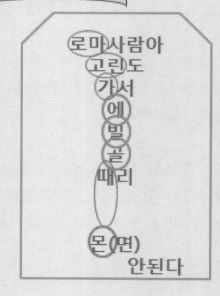

†† 그리스도 안에서 나는
  복을 받았다(3절), 선택되었다(4절), 예정되었다(5절),
  하나님의 아들이 되었다(5절), 은혜를 받았다(5절),
  구속되었다(7절), 회사함을 받았다(7절),
  그 뜻의 비밀을 알게 되었다(8-9절), 기업이 되었다(11절),
  인치심을 받았다(13절), 보증되었다(14절)

††† 하늘의 신령한 복 : 영혼이 아름다워지는 것 ----→ 은혜의 영광을 찬송
  기업의 풍성함 : 생명 기업, 토지 기업, 관계 기업
  기업 : 이 세상과 저 세상에서 누릴 모든 축복을 망라하는 개념

바울서신서 순서 외우기

로마서
고린도전후
갈라디아서
에베소서
빌립보서
골로새서
데살로니가전후
디모데전후
디도서
빌레몬서

로마사람아
고린도
가서
에
빌
골
때리
몬(면)
안된다

3. 바울 서신 II

3.1 옥중 서신
에베소서, 빌립보서, 골로새서
빌레몬서 : 피언 오네시모 용서

3.2 목회 서신
디모데 : 에베소 감독
디도 : 그레데 감독

디모데전서 : 교회와 사역
디모데후서 : 바울의 유언장(충성하라)

디도서 : 교회 회중과 지도자
(바른 교훈에 합당하게)

사도 바울은 감옥에 갇혀 있으면서도 에베소 교회, 빌립보 교회, 골로새 교회에 서신을 보낸다.

그리고 감옥에서 만나 믿음의 아들로 삼은 오네시모를 주인이었던 빌레몬에게 돌려 보내면서 용서를 비는 간절한 마음으로 빌레몬서를 기록한다. 노예 해방운동의 효시라 할 수 있다. 이들 네 서신서를 옥중 서신이라고 한다.

뿐 만 아니라 에베소 교회에 감독으로 가는 젊은 디모데를 위해서 그리고 그레데 교회 감독으로 가는 디도를 위해서 사역을 위한 권면의 편지를 보내는데 이를 목회 서신이라 부른다.

특히 디모데 후서는 주께서 맡기신 모든 사명을 완수하고 처형될 날을 기다리면서 쓴 사도 바울의 마지막 편지로서 그의 유언장이다.

사도 바울은 로마 사람이기 때문에 십자가형이 아닌 참수형을 당했는데 이 때 잘려진 머리가 세 번 땅에 튀었고 그 자리에 세 개의 분수가 나왔다고 하여 이를 기념하는 세 분수 교회가 로마에 있다.

예수의 제자 야고보의 무덤이 있는 도시를 향해 걸어가는 800킬로미터의 영적인 길

산티아고 데 콤포스텔라

생장피드포르

파리

프랑스

레온

브르고스

팜플로나

포르투갈

스페인

4. 일반 서신

4.1 히브리서 : 유대교로 돌아가지 말라

4.2 야고보서 : 믿음을 행함으로 보여라

4.3 베드로전서 : 시련 중에 소망인 그리스도

4.4 베드로후서 : 이단 미혹을 이기고, 참 진리에 굳게 서자

4.5 요한일서 : 참과 거짓(빛과 어두움, 하나님과 세상)

4.6 요한이서 : 사랑으로 행하라

4.7 요한삼서 : 진리, 사랑, 이단 **경계**

4.8 유다서 : 믿음을 위한 선한 싸움(거짓 교사, 이단)

사도 바울의 서신 다음의 히브리서는 기독교를 받아들인 유대인들이 시간이 지남에 따라 다시 유대교로 돌아가려는 움직임을 보이자 이들 히브리인들에게 예수님의 우월성을 강조하며 믿음의 조상들을 본받아서 신앙을 지키라는 말씀이다.

예수님의 육신의 동생 야고보는 부활 후 예수님을 믿기 시작하여 예루살렘 교회 지도자의 위치에까지 오른다. 기도를 너무 많이 하다가 무릎이 낙타처럼 되어버렸다고 하여 낙타무릎이라는 별명까지 얻었다.

흔히들 베드로가 어부였기 때문에 구약지식이 짧을 것이라고 말하지만 유대인들의 신앙교육은 모세오경을 외우게 할 정도로 철저하였다.
사도 베드로의 편지에서도 구약의 인용을 볼 수 있다.

요한복음의 기록자 사도 요한이 세편의 사랑 편지를 보내면서도 진리를 택하고 이단을 경계하라는 권면을 빠뜨리지 않는다. 그만큼 당시에 영지주의의 영향력이 강력하였던 것이다.

또 다른 예수님의 육신의 동생 유다 역시 거짓 교사와 이단을 이기기 위한 믿음의 선한 싸움을 싸우라고 격려한다.

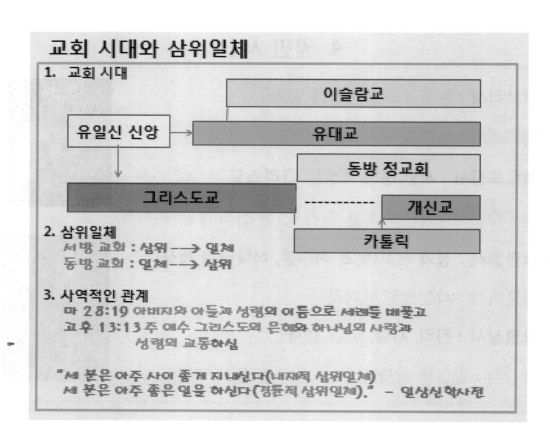

교회 시대와 삼위일체

1. 교회 시대

- 유일신 신앙
  - 이슬람교
  - 유대교
  - 그리스도교
    - 동방 정교회
    - 카톨릭
    - 개신교

2. 삼위일체

서방 교회 : 삼위 ──→ 일체
동방 교회 : 일체 ──→ 삼위

3. 사역적인 관계

마 28:19 아버지와 아들과 성령의 이름으로 세례를 베풀고
고후 13:13 주 예수 그리스도의 은혜와 하나님의 사랑과
성령의 교통하심

"세 분은 아주 사이 좋게 지내신다(내재적 삼위일체)
세 분은 아주 좋은 일을 하신다(경륜적 삼위일체)." - 일상신학사전

5. 이단

5.1 이단(異端) : 선택한 의견
다른 복음을 전파함
영지주의
그릇된 교훈
천사 숭배 및 환상 주의
불건전한 교리
속이는 자
어리석은 논쟁
적 그리스도

5.2 삼위일체 부인
세 하나님(삼중적 하나님)
성부, 성자, 성령의 동격을 부인

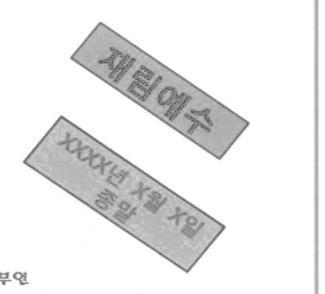

이단이란 한문으로 보면 끝이 다르다는 것이다. 처음에는 그럴듯하게 시작하지만 점차 깊이 들어가면 성경의 진리와는 다른 이상한 복음을 주장하는 것이다.

교회가 탄생한지 몇 십년이 지나지 않아서 영지주의가 교회에 침투되어 혼란을 가져왔다. 영지주의자란 구원이 아는 것 즉 앎을 통해 이루어 진다고 믿는 자들로서 믿음으로 구원을 얻는다는 기독교의 기본 신앙과는 다른 주장을 한다.

성경에서는 복음 이외에 그릇된 교훈이나 불건전한 교리를 가르치는 자들을 이단으로 취급한다. 이단과는 어리석은 논쟁을 하지 말 뿐 아니라 집에도 들여 놓지 말라고 말씀한다.

주위에서 쉽게 알 수 있는 이단은 삼위일체를 부인하는 자들, 자칭 자기가 재림 예수라고 주장하는 자들 그리고 종말이 언제 일어날 것이라고 날짜를 예언하는 자들이다.
삼위일체를 부인하는 이단들은 하나님이 한 분이 아니라 세 분이라고 삼중적인 하나님을 말하는 자들이나 성부, 성자, 성령 하나님의 격이 서로 다르며 우열이 있다고 말하는 자들이다. 우리는 오직 한 분이신 하나님을 믿는다. 삼위가 일체이신 하나님을 믿는다.

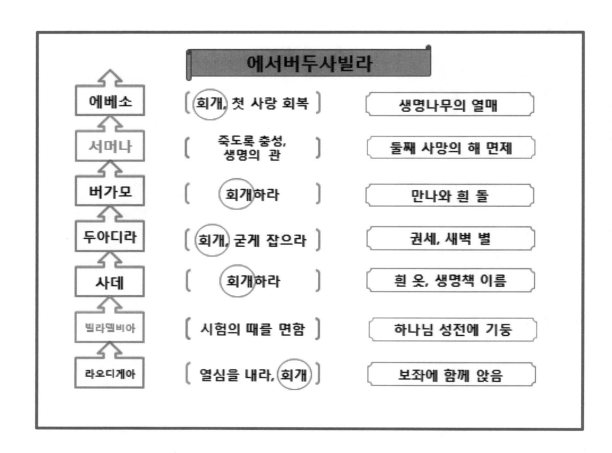

에베소	[(회개), 첫 사랑 회복]	생명나무의 열매
서머나	[죽도록 충성, 생명의 관]	둘째 사망의 해 면제
버가모	[(회개)하라]	만나와 흰 돌
두아디라	[(회개), 굳게 잡으라]	권세, 새벽 별
사데	[(회개)하라]	흰 옷, 생명책 이름
빌라델비아	[시험의 때를 면함]	하나님 성전에 기둥
라오디게아	[열심을 내라, (회개)]	보좌에 함께 앉음

에서버두사빌라

6. 요한계시록

6.1 보좌 ------ 심판 ----- 새 하늘과 새 땅
　　(천상 예배)　　　　　　(혼인 잔치, 백보좌 심판)

6.2 7교회에 보내는 편지
　　배전과 소망과 격려, 영생을 약속
　　교회 공동체의 특성 : 어떤 한 교회를 통한
　　　　　　　　　그리스도의 모습을 완전히
　　　　　　　　　발견하는것은 불가능하다.

6.3 7인, 7나팔, 7대접
　　144,000명과 아무라도 능히 셀수 없는 큰 무리 : 하나님만이 아신다
　　666(짐승의 수)과 777(신재연 완전수)

6.4 천년설(재림을 기준)
　　전천년설, 후천년설, 무천년설

6.5 마지막 모습

요한복음과 요한일, 이, 삼서를 기록한 사도 요한이 귀양살이하는 밧모섬에서 보고 들은 계시를 기록한 요한계시록은 일반적으로 많은 성경 학자들이 서로 다른 해석을 하고 잇는 책이다.

성경 전체가 하나님의 자기 계시이다. 계시라 함은 열어서 펼쳐 보여준다는 뜻으로 비밀로 감추어져 있다는 뜻이 전혀 아니다.

요한계시록은 교회에 보내는 편지이다. 7교회의 모습이 초대때나 지금이나 회개하여야 할 교회가 보여주는 모습이다. 어떤 한 교회를 통하여 머리 되시는 예수 그리스도를 완전히 발견할 수는 없다.
교회에 관한 최후의 말씀이 요한계시록이다.

뿐 만 아니라 예배, 악, 기도, 증거, 정치, 심판, 구원, 하늘에 관한 최후의 말씀이 요한계시록이다.

최후의 말씀 중 최후의 말씀은 예수님께서 진실로 속히 오신다는 말씀이다. 이에 대한 우리의 대답은 오직 한가지다.
아멘 주 예수여, 오시옵소서.

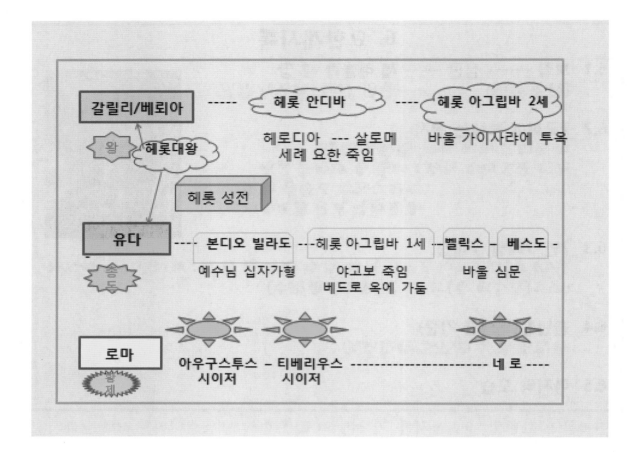

갈릴리/베뢰아 ----- 헤롯 안디바 ---- 헤롯 아그립바 2세

왕   헤롯대왕   헤로디아 --- 살로메   바울 가이사랴에 투옥
                 세례 요한 죽임

헤롯 성전

유다 ---- 본디오 빌라도 ---헤롯 아그립바 1세---벨릭스 – 베스도 -

총독   예수님 십자가형   야고보 죽임   바울 심문
                        베드로 옥에 가둠

로마   아우구스투스 – 티베리우스 ---------------------- 네로 ----
황제   시이저   시이저

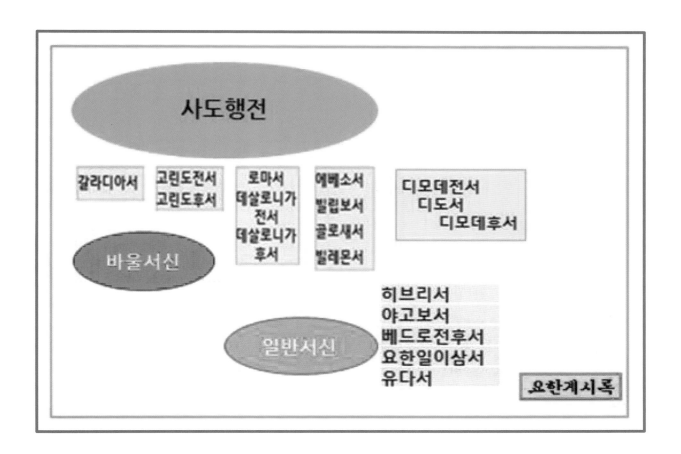

신약은 사복음서의 예수님 시대와 사도행전부터 펼쳐지는 교회 시대로 나눌 수 있다.

오순절 성령님 강림으로부터 시작된 교회는 예수님의 최후의 명령에 따라서 예루살렘에서 온 유대와 사마리아를 거쳐 땅 끝까지 성령님의 인도로 세워진다.

사도 바울의 3차에 걸친 전도 여행 동안에 기록된 서신서는 옥중 서신과 목회 서신으로 바울 서신을 이룬다

히브리서를 제외한 일반 서신은 수신자가 특정 교회나 개인 보다는 교회 일반에게 보내진 편지로 보기 때문에 공동서신이라고도 불린다.

히브리서의 기록자에 대해서는 학자들 간에 아직까지 통일된 의견이 없다.

요한계시록을 심판에 관한 무서운 책으로 보기 쉬우나 이 책은 믿는 자들에게 복을 주시는 구원의 말씀이다. 마지막 최후 심판에 관한 말씀이 밀봉되어 있지만 마지막 나팔이 불 때 우리는 모두 새 모습으로 저 천국에 들어간다.

Part 3

바이블 7 포인트

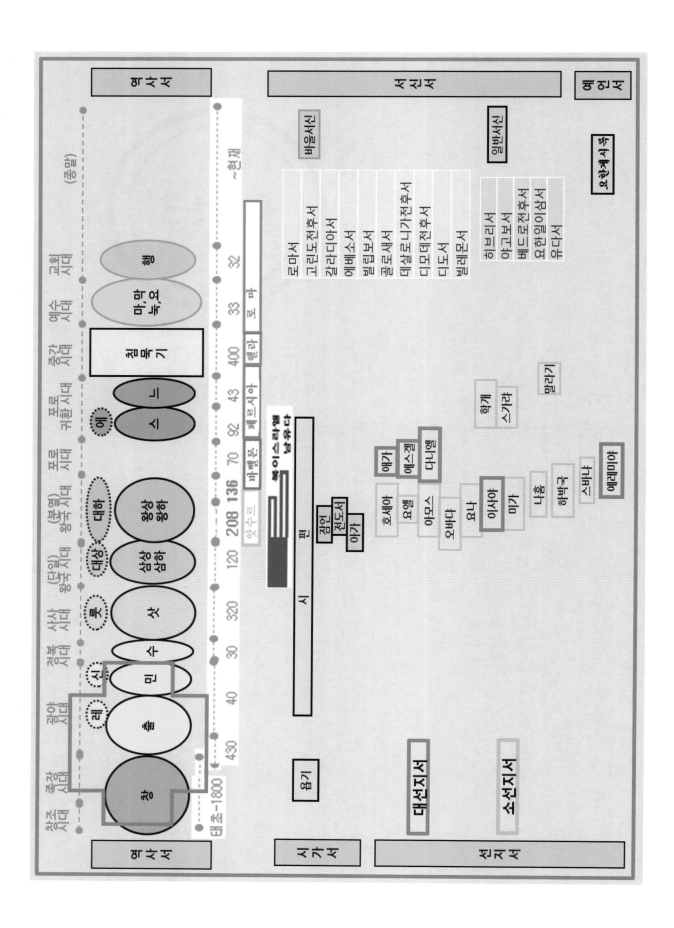

모세오경을 일렬로 세워보면 시내산에 우뚝 선 레위기를 중심으로 창세기와 신명기, 출애굽기와 민수기가 대칭을 이룬다.

창세기는 4대사건과 4족장 이야기이지만, 죄를 짓고 에덴동산에서 추방당한 인간을 그래도 사랑하셔서 거듭 용서해 주시면서 인도하시는 하나님을 만난다.

출애굽기는 애굽에서 큰 민족을 이룬 이스라엘 백성들을 구원하시고 인도하셔서 하나님의 언약 백성으로 삼으신 이야기이다.

레위기는 거룩하신 하나님께서 시내산에서 우리들도 거룩해 질 수 있는 방편으로 십계명과 성막을 주신 내용이다.

민수기는 시내산을 출발하여 가나안까지 가는 여정에서 원망과 불평을 하는 이스라엘 백성들의 모습과 그래도 사랑으로 인도하시는 하나님 이야기이다.

신명기는 가나안 땅을 쳐다 보면서 모세가 과거 40년간 여정을 회고한 설교이다.

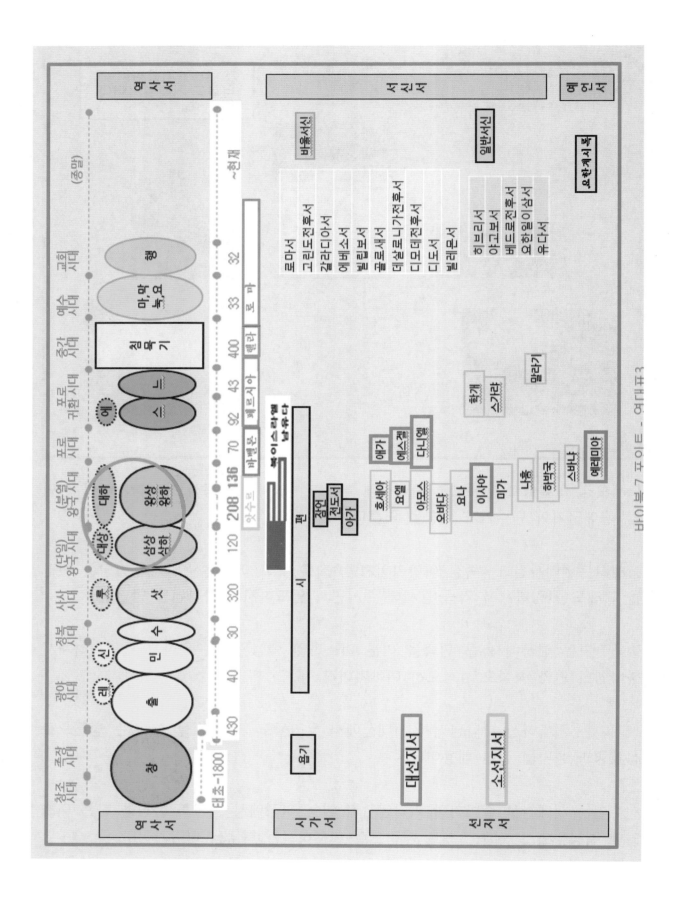

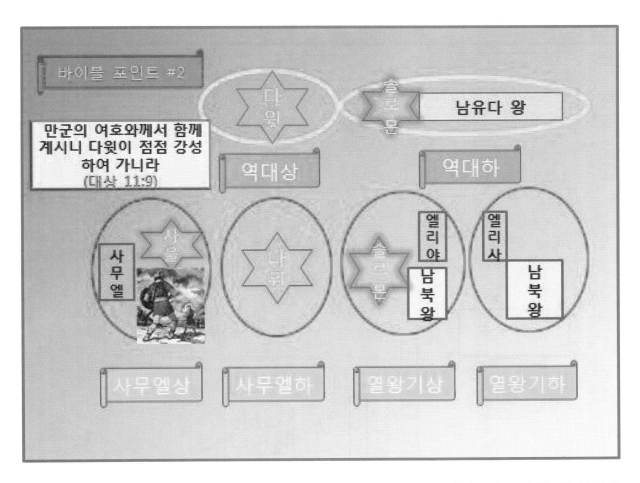

여호수아의 인도로 젖과 꿀이 흐르는 가나안 땅으로 들어간 이스라엘 백성들은 가나안 땅을 점령하고 12지파가 그 땅을 분배 받은 후 이스라엘 나라는 하나님의 직접 통치하에 사사들이 다스리는 기간을 갖는다. 룻기도 사사시대 이야기이다.

기도의 어머니 한나의 이야기로 시작하는 사무엘상에서 왕을 요구하는 이스라엘 백성들에게 사무엘 선지자는 초대 이스라엘 왕으로 사울 왕을 세운다. 그러나 사울 왕은 하나님의 명령을 거역하고 버림 받게 되고, 다윗이 왕으로 기름 부음을 받는다.

사무엘상의 후반부는 다윗을 잡으려는 사울 왕과 피해 다니는 다윗과의 싸움이야기다. 사무엘하는 다윗 왕 이야기, 열왕기상은 솔로몬 왕 이야기와 솔로몬 왕 이후에 분열된 남 유다와 북 이스라엘 왕 및 엘리야 선지자 이야기가 있으며, 열왕기하는 엘리사 선지자 이야기로 시작 된다. 70년 포로 생활 후 귀환한 백성들을 위해 기록된 역대상은 위대한 다윗 왕 이야기, 역대하는 솔로몬 왕과 유다 왕들만의 이야기이다.

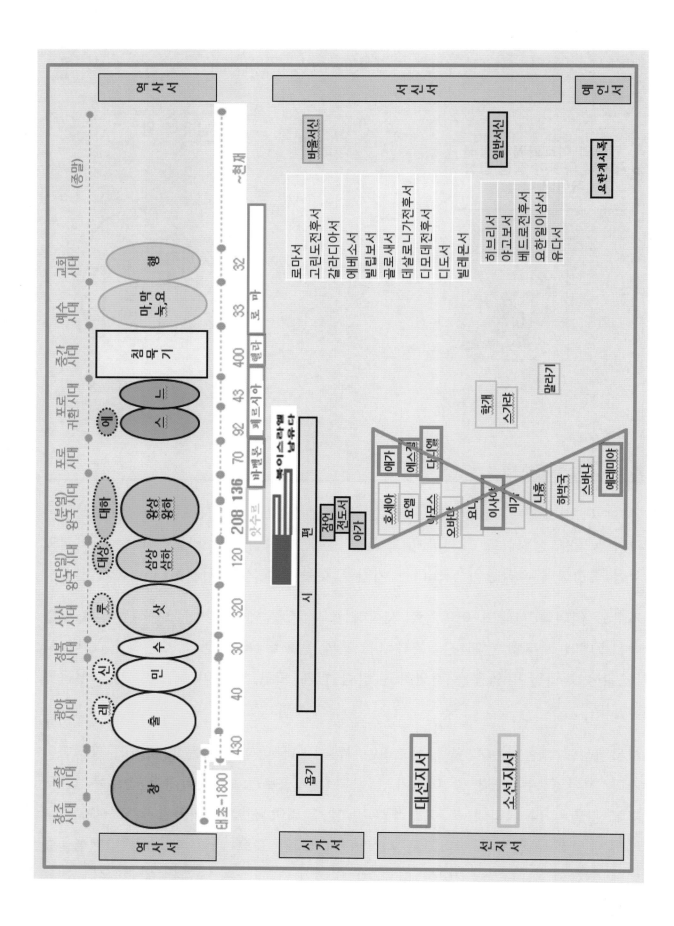

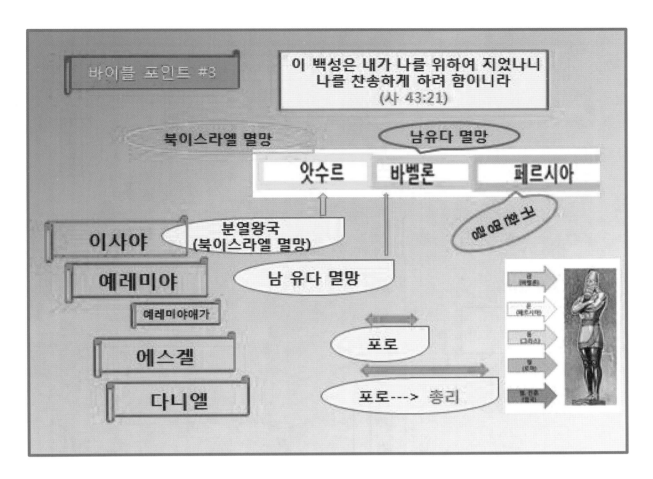

이사야 선지자는 북 이스라엘이 앗수르에 멸망할 당시에 활약한 선지자로 북 이스라엘의 회개는 물론 남 유다의 회개를 촉구하며 이사야서를 기록했다.

예레미야 선지자는 남 유다가 바벨론에 멸망할 시기에 활약하였다. 예레미야 선지자는 유다 백성들이 포로로 끌려 가지만 70년후에 회복될 것을 예언하였다.

예레미야애가는 예레미야 선지자가 에루살렘 성이 무너지는 것을 현장에서 목격하고 비통함을 노래한 책이다.

에스겔 선지자는 남 유다가 망하기 전에 바벨론 포로로 끌려갔다. 에스겔서 전반부는 회개하라는 예언을 바벨론에서 하였고 에스겔서 후반부에서는 남 유다가 멸망한 후 그래도 소망이 있다는 위로의 말을 선포한다.

다니엘 선지자는 남 유다가 망하기 전에 1차로 바벨론 포로로 잡혀갔다. 바벨론 왕의 꿈을 해석하여 바벨론 총리가 되었고, 이후 메대와 바사 다리오 왕 때까지 총리로 활동하였다.

역사서 | 서신서 | 융정서

역사서

창조시대 족장시대 광야시대 정복시대 사사시대 왕국시대(단일) 왕국시대(분열) 포로시대 포로귀환시대 중간시대 예수시대 교회시대 (종말)

창 출 민수 삿 삼상삼하 왕상왕하 대하 침묵기 마,막,눅,요 행
(레) (신) (룻) 삼상삼하 역상역하 대상 대하 스 느

태초-1800 430 40 30 320 30 120 208 136 70 92 43 33 32 ~현재

(Ctrl) ▶
바벨론 페르시아 헬라 로마

시가서

욥기
시
잠언
전도서
아가

신지서

대선지서
소선지서

호세아 요엘 아모스 오바댜 요나 미가 나훔 하박국 스바냐 학개 스가랴 말라기
예가 에스겔 다니엘 이사야 예레미야 예레미야애가

서신서

바울서신

로마서
고린도전후서
갈라디아서
에베소서
빌립보서
골로새서
데살로니가전후서
디모데전후서
디도서
빌레몬서

일반서신

히브리서
야고보서
베드로전후서
요한일이삼서
유다서

요한계시록

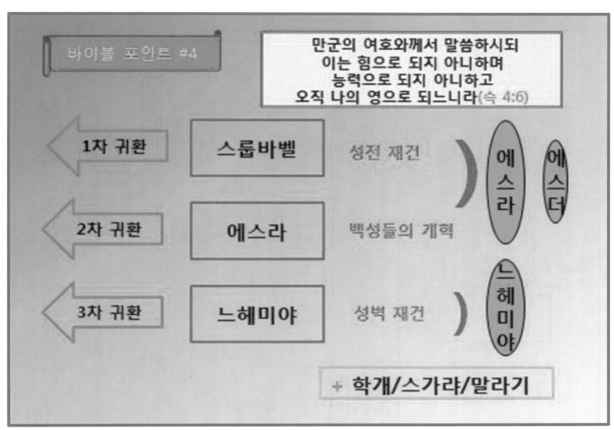

바벨론의 느부갓네살 왕에 의해 멸망한 남 유다 백성들은 3차에 걸쳐 바벨론으로 잡혀갔다. 그 후 페르시아(바사))의 고레스 왕은 포로로 잡혀 온 백성들을 자기 조국으로 돌아가라고 한다. 이에 이스라엘 백성들도 3차에 걸쳐 유다 땅으로 귀환하게 되는데 이 때 귀환하지 않고 페르시아 땅이나 바벨론 지역에 남은 유대인들로 인해 유대 땅에 메시아가 탄생할 것을 동방박사들이 알게 되었다.

스룹바벨과 함께 1차 귀환한 이스라엘 백성들은 무너진 성전을 재건하는데 이를 스룹바벨 성전이라고 부른다. 학개와 스가랴 선지자가 성전 재건을 독려했다.

에스라와 함께 2차 귀환한 이스라엘 백성들은 영적 갱신을 하고 무너진 이스라엘 정체성을 회복한다.

느헤미야와 함께 3차로 귀환한 이스라엘 백성들은 무너진 성벽을 재건한다.

죽으면 죽으리라고 하면서 유다 백성들은 살린 에스더 이야기는 1차 귀환과 2차 귀환 사이 때 일이다.

말라기 선지자를 통하여 거룩하신 하나님을 경외하라고 하신다.

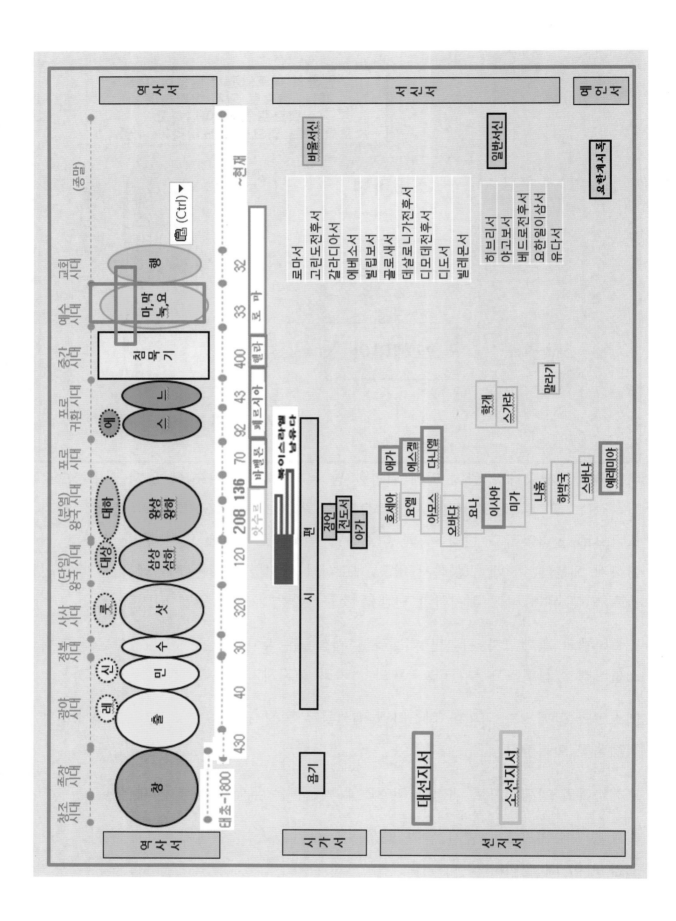

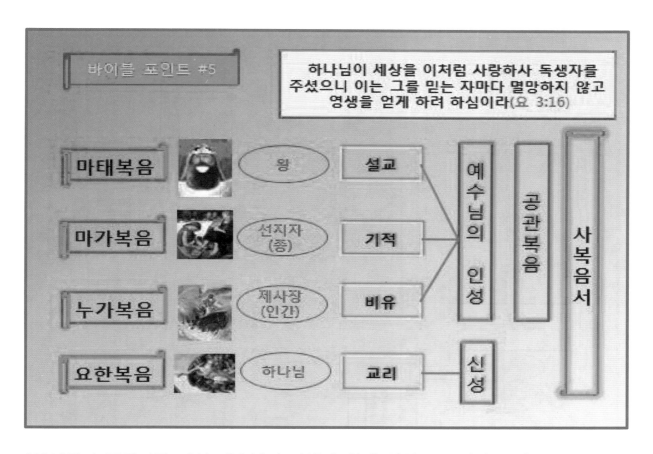

400년간의 중간기를 거쳐 예수님의 탄생과 함께 신약으로 넘어 온다.

신약의 첫 4권 마태, 마가, 누가, 요한복음을 4복음서라 하는데, 이중 마태, 마가, 누가복음을 예수님의 인성이라는 같은 관점으로 기록된 공관복음이라고 부른다.

마태복음은 왕으로 오신 예수님의 5가지 설교 말씀이 주축을 이루는데, 이는 구약의 모세5경이 5권으로 구성되어 잇는 것과 같은 맥락이다.

마가복음은 선지자로 오신 예수님의 기적을 주로 기록하고 있다.

누가복음은 제사장으로 오신 예수님의 비유가 많이 수록되어 있다.

요한복음은 예수님께서 하나님의 아들이시면서 곧 하나님이시라는 교리를 강조한다.

4복음서는 예수님의 사역을 4중주처럼 4가지 측면에서 서로 강조하고 있다.

메시아(기름 부음을 받은 자)이신 예수님께서는 왕으로, 선지자로, 제사장으로 기름 부음을 받으신 분이시다.

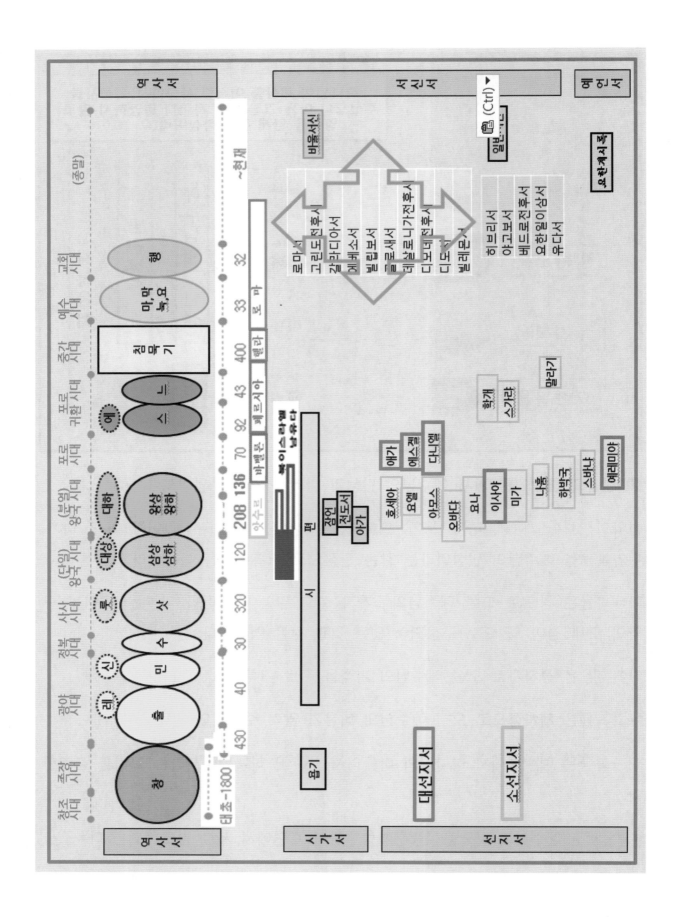

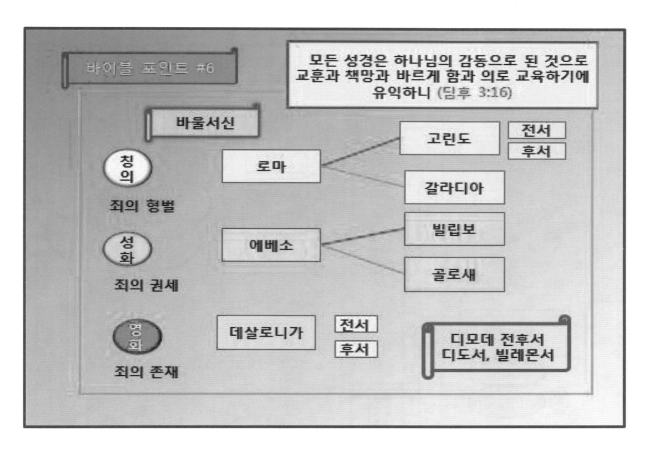

사도 바울의 서신서들이 신약에 배열된 순서는 기록된 순서가 아니다. 이 중 7교회에 보낸 9권의 서신서는 교훈과 책망과 바르게 함을 말해 주고 있다.

로마서에서 칭의를 논한 사도 바울은 의롭게 살지 못하는 고린도 교회를 책망하면서 죄에서 자유를 얻은 하나님의 백성으로 살아가라고 갈라디아서에서 강조한다.

죄의 권세에서 벗어난 교회의 모습을 에베소서에서 강조하고 있다. 그러나 기쁨으로 살지 못하는 빌립보 교회를 책망하고, 골로새서에서 오직 머리 되시는 예수님만 바라보라고 말씀한다.

이 땅을 떠난 후의 삶은 어떻게 될 것인가에 대하여 사도 바울은 데살로니가전후서에서 재림을 강조한다. 영화 되는 순간으로 책망과 바르게 함이 필요 없다.

의롭다 칭함을 받은 성도들은 죄의 권세와 끊임없는 싸움을 하면서 성화의 과정을 거쳐 예수님 재림시에 죄의 존재가 전혀 없는 영화스런 모습으로 변화된다.

디모데후서는 바울의 유언서라 불리며, 빌레몬서는 노예해방을 외치고 있다.

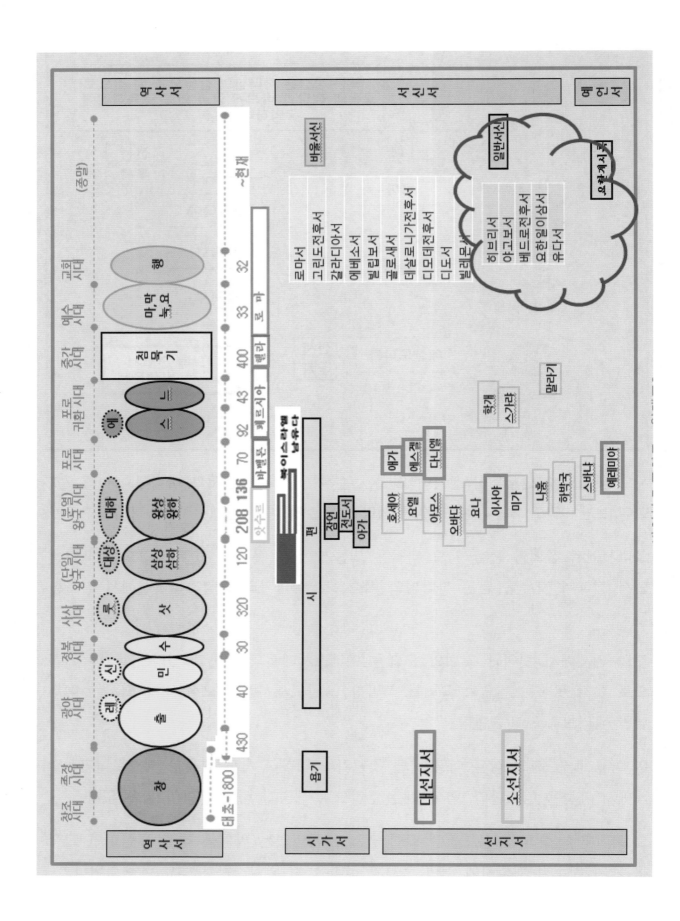

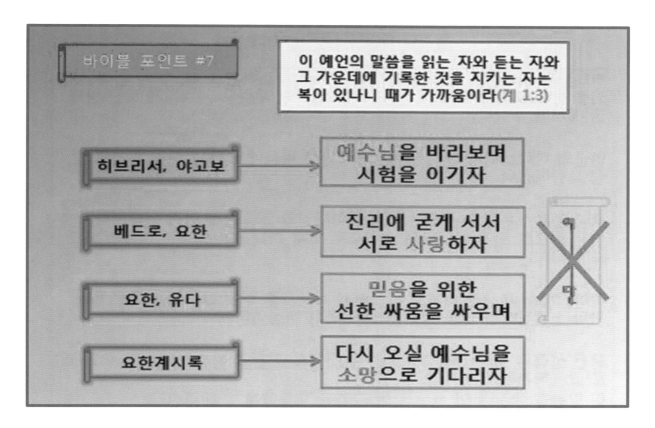

일반서신을 한마디로 요약하면 믿음, 소망, 사랑 가운데 이단의 시험을 이기며 예수님만 바라보자고 말할 수 있다.

예수님을 믿게 되었지만 유대교로 다시 돌아가려는 유대인들을 향하여 예수님께서는 구약의 어느 누구보다도 우월하신 분이라고 히브리서는 강조한다.

예수님의 육신의 동생인 야고보는 행함 없는 믿음은 죽은 것이라고 믿음의 삶을 강조한다.

사랑을 강조하는 사도 요한은 노구를 이끌면서도 서로 사랑하라고 사랑을 강조하는 설교만 하였다고 한다.

또 다른 예수님의 육신의 동생인 유다는 이단을 물리치라고 하면서 믿음의 선한 싸움을 격려한다.

성경의 마지막 책인 요한계시록은 모든 것의 마지막 모습을 보여주고 있다. 창세기에서 아담의 타락으로 망가진 에덴동산이 새 하늘과 새 땅에서 창조 원래의 모습으로 회복된다. 재림 예수님에 대한 소망으로 기쁘게 승리의 삶을 살아가자.

1분만에 성경 요약하기

하나님께서 자신의 영광을 위하여 천지를 창조하셨을 때, 첫 사람 아담이 죄를 범하고 말았지만, 거룩하신 하나님께서 우리도 거룩하게 되는 방법을 계시해 주셨다.

만군의 하나님께서 함께하시면 하나님의 마음에 합했던 다윗 왕처럼 점점 강성해진다.

하나님께서 우리를 지으신 목적은 하나님을 찬송하게 하기 위함이다. 이는 힘으로 되지 아니하며 능력으로 되지 아니하고 오직 하나님의 영으로 된다.

하나님께서 세상을 이처럼 사랑하사 독생자를 주셨으니 이는 그를 믿는 자마다 멸망하지 않고 영생을 얻게 하려 하심이다.

모든 성경은 하나님의 감동으로 된 것으로 교훈과 책망과 바르게 함과 의로 교육하기에 유익하다.
이 말씀을 읽는 자와 듣는 자와 지키는 자들에게 복을 주신다.

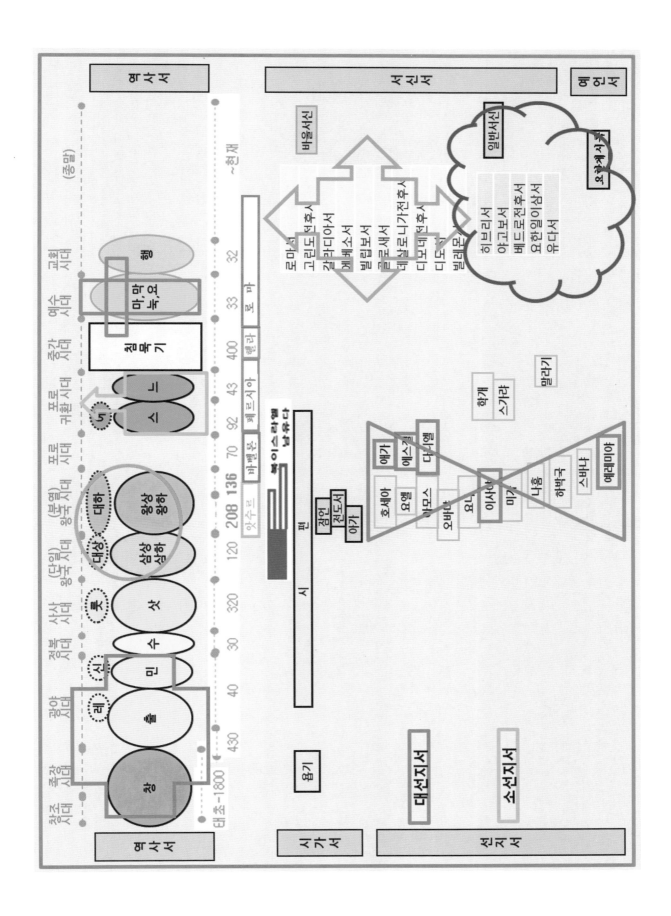

부록

1. 성경목록가

창세기 출애굽기

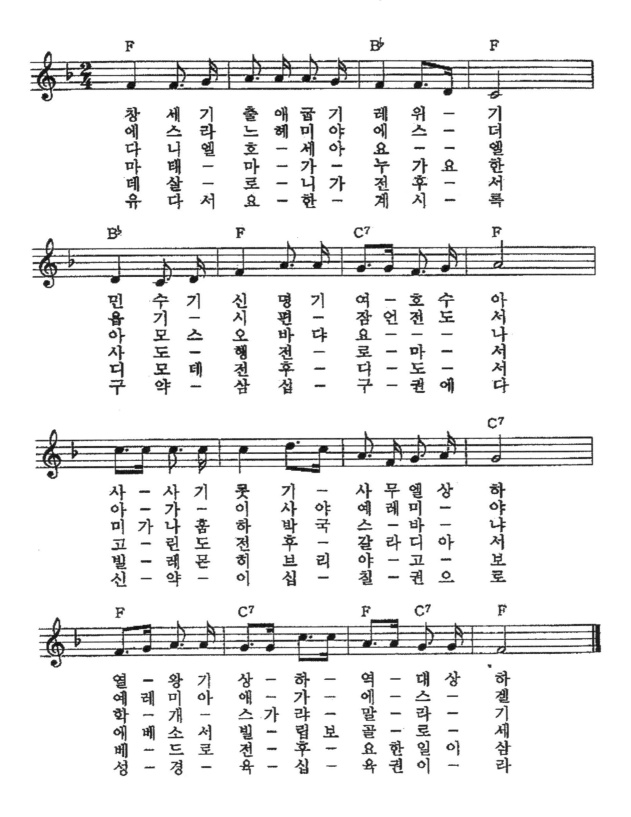

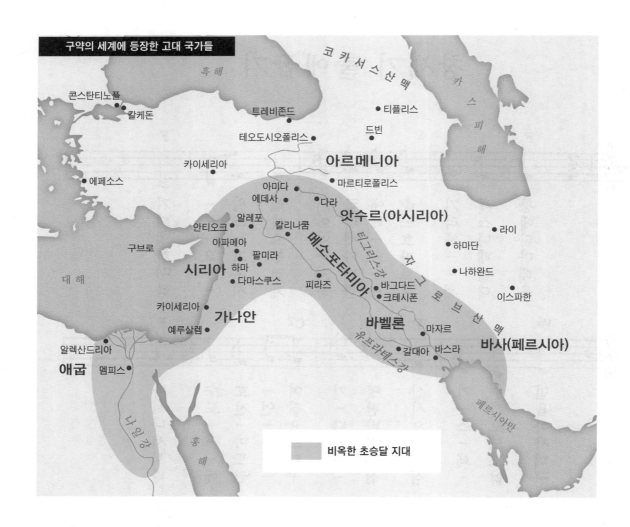

구약의 세계에 등장한 고대 국가들

비옥한 초승달 지대

2. 이스라엘 주변 국가들

구약의 세계에 위치한 현대 국가들